职业院校新形态通识教育系列教材

U0647142

演讲与口才

Speech and Eloquence

微课版

杨红韦 谭建荣 / 主编　饶衷瑜 杨艳红 袁小茜 / 副主编

人民邮电出版社
北　京

图书在版编目（CIP）数据

演讲与口才：微课版 / 杨红韦，谭建荣主编. --
北京：人民邮电出版社，2023.8
职业院校新形态通识教育系列教材
ISBN 978-7-115-62063-7

Ⅰ．①演… Ⅱ．①杨… ②谭… Ⅲ．①演讲－高等职
业教育－教材②口才学－高等职业教育－教材 Ⅳ．
①H019

中国国家版本馆CIP数据核字(2023)第116298号

内 容 提 要

是否具备良好的表达能力、批判性思维能力、多元文化素养已经成为衡量新时代高素质人才的重
要标准。"中国语言文学类教学质量国家标准"明确将"运用母语进行书面、口语表达的能力"作为培
养目标。本书结合语言学、教育学、心理学、艺术学等相关学科知识，以"基础篇——口语表达及普
通话训练""口才篇——口才艺术的应用""演讲篇——演讲的技巧及训练""论辩篇——论辩的艺术及
辩论赛的组织"四个部分为主要出发点和落脚点，详尽地介绍演讲与口才的知识、经验和经典案例，
期望读者能从中受益，提升个人演讲能力和语言表达能力。

本书适合作为职业院校沟通、演讲、语言表达等课程的教材，也适合想要提升个人演讲能力和语
言表达能力的读者自学。

◆ 主　　编　杨红韦　谭建荣
　　副 主 编　饶衷瑜　杨艳红　袁小茜
　　责任编辑　楼雪樵
　　责任印制　王　郁　彭志环

◆ 人民邮电出版社出版发行　　北京市丰台区成寿寺路 11 号
　　邮编　100164　电子邮件　315@ptpress.com.cn
　　网址　https://www.ptpress.com.cn
　　北京鑫丰华彩印有限公司印刷

◆ 开本：787×1092　1/16
　　印张：9.25　　　　　　　　　　2023 年 8 月第 1 版
　　字数：176 千字　　　　　　　2025 年 2 月北京第 4 次印刷

定价：42.00 元

读者服务热线：(010)81055256　印装质量热线：(010)81055316
反盗版热线：(010)81055315
广告经营许可证：京东市监广登字 20170147 号

前言
FOREWORD

演讲是一门科学、一种艺术，也是一种能力。我们从演讲艺术的发展进程中可以看出，在历史发展的重要关头，都有演讲活动的出现。凡欲成大事业者，无不努力训练、提高自己的演讲能力；凡已成大事业者，无不推崇演讲能力的重要性。

口才，是口语表达的才能，是一个人素养、能力和智慧全面、综合的反映。对于口才，古今中外的远见卓识者都给予了高度的重视。"一人可以兴邦，一言可以丧邦""一人之辩，重于九鼎之宝；三寸之舌，强于百万之师"，我国古人把国之兴亡与舌辩的力量紧密联系起来，借"九鼎之宝""百万之师"的比喻，揭示了口才的巨大作用。

党的二十大报告指出，全面贯彻党的教育方针，落实立德树人根本任务，培养德智体美劳全面发展的社会主义建设者和接班人。莘莘学子是祖国的未来、民族的希望，应该具有良好的综合素质和较高的文化品位，如演讲与口才方面的良好素养。我们坚信事在人为，只要认真学习演讲与口才方面的知识，提高演讲水平，掌握口才艺术，反复练习，并持之以恒，就有望成为训练有素的演讲高手。

本书体例及具体栏目设计如下。

★ 开篇寄语：概述每一篇的主要内容，激发读者的学习兴趣。

★ 育人目标：引导读者确定学习方向，提升读者的人文素养。

★ 至理名言：增加读者的知识储备。

★ 应知导航：概括每一课需要掌握的知识。

★ 知识探究：具体阐述有关学习要点。

★ 精选案例：用真实案例，激发读者的学习兴趣，增强读者的学习信心。

★ 小贴士：提供便利、简洁的知识点，方便读者学习。

★ 知识拓展：补充和深化相关内容，使读者获得更多的相关知识。

★ 学以致用：引导读者熟练运用所学知识。

★ 素养提升：提升读者的民族自信和文化自信。

本书旨在帮助读者克服当众讲话的恐惧，提升读者当众讲话的技能，增强读者的沟通能力，让读者能在关键时刻慷慨陈词，用智慧引发潜能，用口才点亮人生，充分展示个人魅力与风采。

在编写本书的过程中，编者参考吸收了大量专家学者在演讲与口才方面的研究成果，并引用了相关资料，在此向相关专家学者谨致谢忱！

由于编者水平有限，书中难免存在不足之处，恳请广大读者批评指正。

编　者

2023 年 5 月

目 录
CONTENTS

论辩篇 >>>

论辩的艺术及辩论赛的组织

基础篇

口语表达及普通话训练

一个人敢说话、会说话不等于有口才，正如一个人会骑自行车但不能进行娴熟的骑车表演。口才实际上是一种综合艺术，要真正掌握这种艺术并非易事。它包含说话的素质和多方面的技巧，如渊博的知识、悦耳动听的音色、清晰的咬字、巧妙的回话等。这些都需要我们全面、系统地学习和运用口才的技巧。

育人目标 ▼

1. 掌握口语表达的知识与技巧，形成普通话表达能力，塑造职业形象，提升职业素养。

2. 掌握普通话的正确发音方法，认识普通话对个人成长、发展的重要作用和重大意义，提高整体语言素养。

第一课

口才施展的基础

至理名言

口才决定人生。

——托尼·杰瑞

应知导航

（1）口语与口才的不同点。

（2）口语训练的实用方法。

（3）提高口语能力的基本途径。

知识探究

　　随着社会的不断发展，人与人之间的沟通交往越来越频繁，口才的作用也越来越重要。口才如今已成为个人生活及事业成功的重要因素。"良言一句三冬暖，恶语伤人六月寒。"善于言辞的人易使人乐于倾听并接受，从而顺利地解决许多问题。学习口语的有关知识及表达技巧十分必要，因为它们能使我们在以后的工作、生活中把我们的想法、要求等表达得更清晰、更到位，也更有感染力、号召力和鼓舞力。

一、口语的基本知识

（一）口语的含义

　　"口语"就是口头使用的语言，是运用语言表情达意，通过口耳进行交际的语言形式。口语表达以话语、声调、声频为媒介传递信息，说者与听者可以通过互动进行角色互换，实现双方思想、感情的直接沟通。

口语的基本知识

　　由此可见，口语表达不仅涵盖了说的部分，还涵盖了听的部分。说是为了听，并且要针对听到的内容进一步地说，所以口语交际活动是包括说和听两方面内容的言语行为和过程。

（二）口语的基本要素

　　口语的基本要素是语音。语音包括语调、语气、音量、音长。如语气词"啊"，人们赋予它不同的语调、语气、音量、音长时，它就会表达出不同的意思。

（三）口语表达的要求

　　（1）清晰。口语表达一定要清晰，让听众听得懂。

　　（2）流畅。口语表达尽量不要有口头禅。有的人做报告时习惯重复"这个"，有的人习惯在每句话后面加"啊"，这都会影响口语表达的流畅性。

　　（3）响亮。说话时声音要响亮，要让听众听得清楚。

　　（4）口语化。口语与书面语是有区别的，如发言稿和演讲稿就要相对口语化。将书面语口语化有 3 个途径。①书面语中的单音节词在口语中要变成双音节词。例如，书面语中的"我校"在口语中要变成"我们学校"。②文言词变白话词。例如，一篇演讲稿中的"教育历来被视为一片未被污染的绿洲"在演讲时应变为"教育历来被人认为是一片没有受到污染的绿洲"。又如，书面语"良久"在口语中要变为"很久"。③书面语停顿靠标点，口语停顿靠情感的处理、语气的变化。在把书面语的停顿变成口语的停顿时，口语的停顿靠上下词（组）、上下句子间歇的时间来表现。

（四）口语表达的基本形式

　　口语表达的形式有很多，基本上可以分为常用口语和艺术口语两大类。

（1）常用口语。常用口语即应用于日常生活的口头语言，主要包括辩论、辩护、演说、交谈、报告、讲话、发言、宣传、座谈、复述、朗读、播音、讲解、问答等。

（2）艺术口语。艺术口语即通过艺术形式来传达内容的口头语言，主要包括朗诵、相声、评书、讲故事等。

（五）口语表达的特点

（1）同步性。同步性即外部语言表达与内部语言思维是同步进行的，口语只是将思维外化了。

（2）简散性。简散性即口语表达常使用的是一些短句、散句，有时还可使用体态语来表达，它的结构是松散的。

（3）暂留性。声音是通过声波振动传播的，而声波是瞬间即逝的。既然口语表达具有暂留性，我们在表达时就要注意以下两点。第一，想好了再说；第二，说话速度不可太快。一般的发言速度为200字/分钟，最快不能超过280字/分钟。

（4）特定性。①时空是特定的，口语表达会受到时间和空间的制约。②表达的对象是特定的，听众是特定的。③现场的氛围是特定的。

（5）综合性。①系统的综合：说话时，声调、体态语要配合说话内容，且要有整体感、协调感。②调动的综合：口语表达要调动知识素养、能力素养和生活积累。③手段的综合：口语表达是传声的、有感情的，技巧也是多样的。

二、科学的口语训练

口语训练是指在口语学理论的指导下，对被训练者进行科学、系统、严格的技能训练和技巧训练。口语训练没有年龄或学历背景的限制。只要训练得当，任何年龄、任何学历背景的人都可以提高自己的口语表达水平。

（一）口语训练的基本要求

没有规矩，不成方圆。口语训练也必须遵循一定的要求，如图1-1所示。

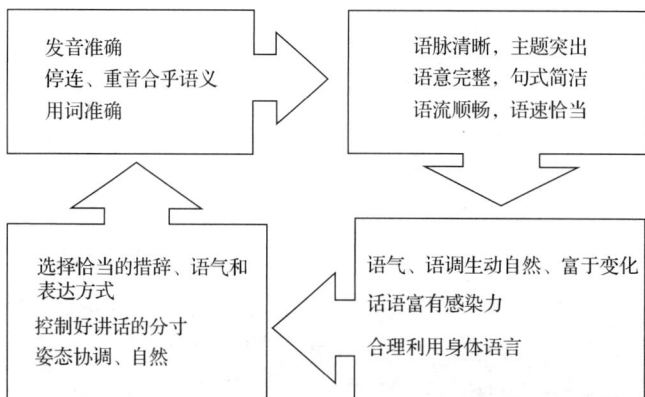

图1-1 口语训练必须遵循的要求

精选案例

白岩松练习普通话

白岩松原曾是《中国广播报》的记者。1993 年，央视推出《东方时空》，他去做兼职策划。制片人见他思维敏捷、语言犀利，就让他试试做主持人。当时台里规定，念错一个字罚 50 元。白岩松不是播音出身，经常读错字，而且发音不标准。有一回，白岩松不仅被罚光了工资，还欠了台里几十元。当时，他属于借调，如果不能胜任这份工作就要被退回去。

那段时间白岩松因巨大的精神压力而连续失眠。在妻子的帮助下，白岩松从字典里找出生僻字和多音字，反复识记，以至于将一本《新华字典》翻得破旧；含着一颗石头练习绕口令。就这样，他逐渐找到了状态。

1997 年，他凭借思维的敏锐度和分析切入的精彩角度，加上已经标准的普通话，获得了"中国金话筒奖"。白岩松的成功，凭借的正是他顽强的毅力。

注：白岩松的事例告诉我们，练成标准的普通话需要付出努力。只要掌握正确的方法，多加练习，每一个人都能说一口标准的普通话。标准的普通话不仅是良好表达能力的体现，还是综合素质的反映。

（二）口语训练的基本原则

以练为主，理论与实践相结合；以听为主，听说结合；由易到难，循序渐进；课内课外，相辅相成。

（三）口语训练的实用方法

训练口语不仅要刻苦，还要掌握一定的方法。科学的方法可以事半功倍，加速口才的养成。当然，每个人的学识、思维、年龄等不同，口语训练的方法也会有差异，但只要选择适合自己的方法，加上持之以恒的刻苦训练，就一定能在通向口才家的大道上迅速成长。

1. 速读法

找一篇演讲词或一篇文辞优美的散文，借助字典、词典把里面不认识或弄不懂的字、词查出来，然后开始朗读。朗读速度要由慢变快，一次比一次读得快，直到达到你所能达到的最快速度。

2. 背诵法

第一步，训练者先选出一篇自己喜欢的演讲词、散文或诗歌。

第二步，训练者对选定的材料进行分析、理解，体会作者的思想感情。

第三步，训练者对所选的演讲词、散文、诗歌等进行艺术处理，如找出重音、划分停顿等。这些都有利于准确表达内容。

第四步，背诵训练材料。

对于背诵训练材料这件事，训练者也可以分步进行。

第一步，进行"背"的训练，也就是训练者先将训练材料背下来。训练者在这个阶段不要追求声情并茂，达到熟练记忆即可。在背诵的过程中，训练者要进一步领会训练材料的风格、节奏，为准确把握训练材料打下坚实的基础。

第二步，训练者在背熟训练材料的基础上进行大声朗诵，并时刻注意发音的准确性。

第三步，训练者用饱满的情感及准确的语调背诵训练材料。

3. 练声法

第一步，练气。"练声先练气"，气息是人体发声的动力，是发声的基础。气息对发声有直接的影响。气息不足，声音无力；用力过猛，又会损伤声带。所以训练者练声，首先要学会用气。

吸气：吸气要深，小腹收缩，整个胸部要撑开，尽量把更多的空气吸进去。训练者可以体会一下闻到一股香味时的吸气法。

呼气：呼气时要将空气慢慢地呼出，训练者可以把牙齿微微合上，只留一条小缝让气息慢慢地通过。

第二步，练声。声音是通过气流振动声带发出来的。

训练者在练声时要先做一些准备工作，可以放松声带，用一些轻缓的气流振动声带，也可以试着发出一些轻而慢的声音。千万不要张口就大喊大叫，否则只会损伤声带。

第三步，练习吐字。吐字看似离发声远了些，其实两者是息息相关的。只有发声准确、清晰、圆润了，才能清晰地吐字。

训练者可以把字音分成字头、字腹、字尾三部分。这三部分从语音结构划分，大体上可以说，字头就是声母，字腹就是韵母，字尾就是韵尾。"咬字千斤重，听者自动容。"训练者在吐字发声时一定要咬住字头，在保持嘴唇有力的基础上，把发音的力量放在字头上，利用字头带响字腹与字尾。字腹的发音一定要饱满、充实，口形要正确。训练者发出的声音应该是立着的，而不是横着的；应该是圆的，而不是扁的。字尾，主要是归音。归音一定要到位，要完整，同时保证字尾收得住，不能把音拖得过长。

4. 复述法

训练者选一段长短合适、有一定情节的文章，最好是小说或演讲词中叙述性较强的一段，在朗读的同时用录音机把它录下来，听一遍之后再复述一遍，反复多次地进行，直到能把这个训练材料完整地复述出来。

训练者开始练习时，最好选择句子较短、内容活泼的材料，这样便于把握、记忆和复述。随着练习的深入，训练者可以选择一些句子较长、情节少的材料进行练习。

5. 模仿法

（1）模仿特定的人。训练者在生活中找一位口语表达能力强的人，请他讲几段精彩的话，以便自己录制后进行模仿，也可以把自己喜欢的、适合模仿的播音员、演员的声音录下来并进行模仿。

（2）专题模仿。训练者组织几个人一起训练，由一个人先讲一段故事，然后大家轮流模仿。这个方法简单易行，且有娱乐性。需要注意的是，在讲故事之前，每个训练者一定要进行一些准备，保证自己讲得准确、生动、形象，以达到最佳的模仿效果。

（3）随时模仿。训练者可以随时模仿主持人、演员，注意他们的声音、神态、动作，边听边模仿，边看边模仿。

6．描述法

描述法类似于看图说话，描述对象不仅可以是书本上的图片，还可以是生活中的一些景、事、物、人。简单地说，描述法就是训练者把自己看到的景、事、物、人用描述性的语言表达出来。描述法的要求是抓住特点进行描述，描述语言要清楚、明白，要有一定的文采。

7．角色扮演法

第一步，训练者选一篇有情节、有角色的小说、戏剧作为训练材料。

第二步，训练者对训练材料进行分析，特别要分析角色的语言特点。

第三步，训练者扮演不同的角色，以便培养自己的语言适应力。

角色扮演法的目的在于培养人们的语言适应性、个性。有别于朗诵，在角色扮演法中，"演"的成分很重，不仅要求训练者声音洪亮、感情丰富、停顿得当，还要求训练者绘声绘色、惟妙惟肖地把角色的性格表现出来，同时配有一定的动作和表情。

三、口语表达技巧

（一）重音掌握

生活中的口语表达经常运用重音。例如，"大意"中的"意"如果读成去声，那么"大意"是指大概的意思；如果读成轻声，那么"大意"就是"粗心"的意思。所以，重音具有区分词语意思的作用，读重读轻，表达的意思不一样。重音一般可以分为以下3种。①语法重音：按句子的语法规律重读的音。②逻辑重音：根据说话的内容和重点确定重读的音。③感情重音：根据表达强烈的感情或细微的心理安排重读的音。

（二）停连运用

1．停顿

（1）语法停顿，又叫自然停顿。从语法上说，中心语与附加语之间往往有一个小小的停顿。书面语用标点符号表示的地方要停顿，从标点上说，停顿时间由长到短依次是：句号、问号、感叹号，分号，逗号，顿号；从结构上说，停顿时间由长到短依次是：段落，层次，句子。

（2）逻辑停顿，是为强调某一语义而做的停顿。

（3）感情停顿，又叫心理停顿。逻辑停顿为理智服务，感情停顿为感情服务，感情停顿表示一种微妙和复杂的心理感受。

（4）特殊停顿，是为加强某种特殊效果或满足某种需要所做的停顿。

停顿有四大作用。第一，变含糊为清晰。例如，"最贵的一张（停顿）值一千元"，表示最贵的只有一张，其他的都不足一千元。第二，变平淡为突出。第三，变平直为起伏。例如，"大堤上的人（停顿）谁（停顿）都明白"，能让人感觉到句子中的起伏。第四，变松散为整齐。有些排比句通过停顿变得很美，变得富有节奏，如"每天的太阳是您的，晚霞是您的，健康是您的，安全也是您的"。

需要强调的是，停顿不是中断，只是声音的消失，但气流与感情是连起来的，有停就有连。训练者要做到声断，气不断，情不断，而且在某种激烈、紧张的情况下更需要连接。

2. 连接

连接就是将书面上标有停顿的地方快速连起来，不换气、不偷气，一气呵成地读出来。连接有两个作用：渲染气氛；增强气势，能表达激情、推进内容。

停连运用有三个要点：第一，气息要调节，比较大的停顿要换气，小的停顿要偷气（不明显的换气），连接要就气（一气呵成）；第二，接头要扣"环"，即两个内容相连的句子，第一句的结尾压低，第二句的起音也要压低，这样两个句子的音位差就很小，能给人环环相扣的感觉；第三，层次要"抱团"，句子的末尾音节不要往下滑，每层的意思要有鲜明的起始感、整体感。

（三）节奏变化

口语中规律性的变化，叫节奏。说话要有节奏，要做到有起伏、有快慢、有轻重，这样才能形成口语的乐感；否则就不感人、不动人。

节奏分为慢节奏和快节奏。叙述一件事情，描写一处景物，表现一次迟缓的行动，表现平稳、沉郁、失望、悲哀情绪时，宜用慢节奏。表现紧张、热烈、欢快、兴奋、慌乱、惊惧、愤怒、反抗、驳斥、申辩时宜用快节奏。

节奏调度有三个原则：①感情原则；②语境原则，即根据语言的环境调整节奏；③内容原则，即根据内容调整节奏。

节奏美有六种体现方式：①步韵，可使几个句子像散文诗那样押韵；②对应，包括运用对比句和对偶句；③排比句；④复沓，即反复使用形式和意义相近的词、句、段；⑤层递，即一层递一层；⑥联珠和回环，联珠是把第一个句子末尾的字或词作为第二个句子开头的字或词；回环是反复运用一个字或词，如"疑人不用，用人不疑"。

（四）语气和语调控制

1. 语气的感情色彩

语气的感情色彩是指语句内在的具体感情的积极显露，表现在声音气息的变化上。一般来说，表"爱"时气徐声柔，表"憎恨"时气足声硬，表"急"

时气短声促，表"喜"时气满声高，表"怒"时气粗声重，表"悲"时气沉声缓，表"惧"时气提声滞，表"疑"时气细声黏。

2. 语调的基本类型

语调的基本类型包括平直调、上扬调、曲折调、下降调。不同的语调表达的意思完全不同。平直调多用于陈述、说明的语句，以表现庄重、严肃、回忆、思索的情形，表达平静、闲适、忍耐、犹豫等感情或心理。上扬调多用于疑问句、反问句或某些感叹句、陈述句，以表达激昂、亢奋、惊异、愤怒等情绪。曲折调多用于表达语意双关、言外之意、幽默含蓄、有意夸张等，以表达惊讶、怀疑、嘲讽、轻蔑等情绪。下降调多用于感叹，常表示祈求、命令、祝愿、感叹等，以表现坚决、自信、肯定、夸奖、悲痛、沉重等心理。在实际应用中，这四个语调不是孤立的，语调变化不以句子为单位，而是表现在千差万别的语流变化中。

四、培养会说话的素质

我们只有理解口才的内涵，才能全面培养会说话、善于说话的素质。

（一）理解口才的内涵

口才就是口语表达的才能，具体地说，是指在交谈、演讲、辩论等口语交际活动中，表达者根据特定的交际任务，切合特定的语境，采用恰当、得体、有效的言辞策略，准确、确切、生动地运用连贯、标准的有声语言，辅以适当的体态语言表情达意，达到特定交际目的，取得圆满交际效果的口头表达能力。

口语在本质上是人类特有的一种富有创造性的精神文化现象，是人类精神生活的必需品，是社会进步的标志之一。法国启蒙思想家狄德罗曾说："真理和美德是艺术的两个密友。你要当作家，当批评家吗？请首先做一个有德行的人。"语言是思想的外衣，语言中负载的文化、思想、道德底蕴越丰厚，就越受人们推崇。这也正是道德高尚的人说出的话更有号召力和价值的原因。所以说，口才重"才"，而不只重"口"。

（二）培养道德素质

21世纪最激烈的竞争是高素质人才的竞争。有口才的人无疑是人才，但要成为高素质人才，就必须具有良好的思想道德素质。

良好的思想道德素质包括道德观和思想品质两个方面。其中，道德观包括世界观、人生观、价值观和荣辱观；思想品质包括信仰、觉悟、人生态度和思想方法。

（三）培养知识素养

口才可以体现一个人的知识素养。演讲家们之所以能在演讲中旁征博引、妙语连珠，启迪人们的思想；极具口才的人之所以能把繁杂的事例恰如其分地组织到各种谈话、演说中，出口成章，引经据典，使听众醍醐灌顶、百听不厌，其根本原因就在于他们博览群书，知识渊博。

小贴士

口德十要十勿

要与人为善，勿造谣诽谤；要管好情绪，勿滥发脾气；
要乐于赞勉，勿吹毛求疵；要就事论事，勿攻击他人；
要合理论断，勿以偏概全；要尊重异议，勿刚愎自用；
要宽容体谅，勿斤斤计较；要慎思谨言，勿胡言乱语；
要幽默自然，勿出言粗暴；要将心比心，勿自私自利。

五、提高口语能力的基本途径

（一）做一个好听众

培养良好的倾听习惯，是指听者借助听觉感官接收语言信息，然后经过思维活动对信息加以认知、理解的全部过程。

松下电器创始人松下幸之助为人谦和，无论见了谁都彬彬有礼、谦恭谨慎。他用这样一句话概括了自己的经营哲学："首先要细心倾听他人的意见。"倾听本身就具有非常大的交际作用和说服作用。专注地听他人讲话就能表达出对讲话者的尊重，有利于了解和掌握更多的信息。在讲话者讲话的过程中，听者的聆听，能使讲话者感觉自己的话很受重视，进而对听者产生信赖感，从而更充分、完整地表达其想法。

做一个好听众

倾听在沟通过程中占有重要的地位。调查研究发现，人们花费在倾听上的时间要远远超过其他的沟通行为，如交谈、讲话。

可见，培养良好的倾听习惯是多么重要。实践证明，只有听清楚并理解了讲话者的观点和立场，才能准确、及时地给予回复。

1. 倾听的好处

（1）获得信息。在对方讲话的过程中，听者不时地点点头，表示其非常重视讲话者的讲话内容，会使讲话者受到鼓舞，觉得自己的话有价值，也会使讲话者更充分、完整地表达其想法。

（2）了解讲话者。通过倾听对方的讲话，听者可以了解对方的性格、工作生活经验、处事态度、个人习惯、观点偏好等信息，这有利于在以后的交往中有针对性地与对方进行接触。

（3）建立信任。心理研究显示，人们喜欢善听者甚于善说者。实际上，人们都非常喜欢发表自己的意见。所以，对于愿意给自己一个机会，让自己尽情地说出自己想说的话的人，人们会觉得他和蔼可亲、值得信赖。

2. 倾听的障碍

很多时候，一些人不能给他人留下良好的印象，不是因为他们表达不够，而是因为他们在表达和沟通中给倾听设置了太多的障碍。

（1）刻板成见。一个人对另一个人产生某种不好的看法后，就可能不会认真倾听对方的讲话。对于和自己有隔阂的人，不管他有什么异议，人们都很难做出客观、公正的评价。

（2）急于表达自己的观点。人们都有表达的欲望。表达通常被视为主动的行为，可以帮助表达者树立强有力的形象。在这种思维习惯下，人们容易在他人还未表达完整的时候，就迫不及待地打断他人，或者因不耐烦而不认真倾听，以致不能把他人的意思听懂、听全。

（3）环境的干扰。口语交际可以随时随地发生，因而易受到双方所处环境的干扰。由于有些人对环境中的干扰比较敏感，周围的变化会使他们不能倾听他人讲话。

（4）主观差错。对他人的看法往往来自人们的主观判断，根据某一件事情就断定一个人怎么样或过度解读一个人的言行，这实际上带有很强的主观色彩。认真倾听他人说话，可以获得更多信息，使判断更为准确。

3. 倾听的技巧

倾听他人说话也有一定的技巧。

（1）抓住要点。有的人说话言简意赅，而有的人喜欢把话语的意思隐藏在长篇大论中。与后者交流时，应当掌握抓住要点的技巧。

从内容结构上分辨，前面的话往往是引子或中心思想；中间的话有时是要点，有时是解说、举例；最后的话一般是结论或需要强调的部分。

从表达手段上分辨，故意放慢语速、提高声调、突然停顿时的讲话内容都是人们想表达的重点内容。此外，一些特殊的手势有助于捕捉他人的讲话要点。

（2）积极回应。人们如果在倾听过程中遇到以下问题，可以告知讲话者，让其复述原话或使用其他的表述方法将问题讲清：没有听清楚讲话者的部分内容；没有理解讲话者的部分内容；想得到更多的信息；想澄清一些问题；等等。已经理解讲话者所讲的问题，希望他继续讲述其他问题的时候，人们也可以告知对方。这样做，一方面会使讲话者更认真、更清楚地传达自己的想法，另一方面有利于人们有效倾听。

（3）客观评论。在对方讲话之前，尽量不要对其所要讲述的事情下定论。先入为主，会使人们无法设身处地地从对方的角度看待问题，往往达不到良好的倾听效果。

（二）具有良好的心理素质

心理素质是以生理素质为基础，将外部获得的东西内化，并与人的社会适应行为和创新行为密切联系的心理品质。每个人的心理素质都不相同，但在生活中具有热情开朗、活泼大方、积极向上等良好心理素质的人，更容易展现出众的口才。

因此，培养良好的心理素质是提高口语表达能力的基本途径之一。

1. 在演说活动中常见的心理障碍

怯场是在演说活动中最常见的心理障碍。怯场是指人们在众人面前说话时出现的恐惧慌乱的心理。其具体表现有心率加快、血压升高、出汗、口干舌燥、喉头发紧、声音颤抖、肌肉痉挛、晕眩恶心等。

怯场是人类自我保护的本能。每个人在初次与陌生人讲话或在公众场合讲话时都会出现轻微的怯场。即使是著名的演说家，在演说初期，也往往有一些怯场的惨痛经历。

精选案例

（一）不敢进门的萧伯纳

萧伯纳的戏剧常常运用流行的俏皮的对话、精辟的讽刺、出人意料的结局来达到批评和揭露的目的。然而，谁也不会想到，萧伯纳年轻的时候胆子很小，去客人家敲门前，常常要在门口给自己打气至少 20 分钟。

（二）口齿不清的丘吉尔

英国前首相丘吉尔不但是一位著名的政治家和作家，而且是一位重量级的演说家。但丘吉尔也不是一个生来就会演说的人，他在回顾自己初学公开讲话的感受时说：心窝里好像塞了一块 9 英寸（1 英寸 ≈ 25.4 毫米）的冰砖，使他本来就有点儿发音不清的嘴不能说出半个字。

怯场的表现、程度因人而异。轻微的怯场并不会影响演讲者完成一次成功的演讲。但对于初练口才的人而言，重要的是不能因胆怯而导致社交恐惧，进而产生自卑，变得自我封闭，最终形成难以扭转的心理定式。

2. 克服心理障碍的方法

心理障碍的产生与人们过去的心理感受、亲身体验、性格有关。

要想克服心理障碍，人们应先提高对事物的认知能力，扩大认知视野，找出恐惧源。具体来说，人们要认识客观世界的某些规律，认识人自身的需要与客观规律之间的关系，确立正确的目标，提高预见力，对可能发生的各种突发情况做好充分的思想准备，增强心理承受能力。

此外，人们要培养乐观的人生态度和坚强的意志，用勇敢顽强的精神激励自己，在平时的训练和生活中有意识地磨炼自己。这样，即使真正陷入令自己紧张的情境，人们也不会惊慌失措。

（三）懂得恰当的说话原则

说话总是在具体环境中进行的，说话者不可避免地要受到所在环境的各种条件的制约和影响。因此，口才的施展必须遵循以下三个基本原则。

1. 看对象说话

说话要因人而异。因为性格、习惯、生活工作背景、喜好等有所不同，所以不同的人对同一句话所产生的反应也会有所不同，甚至会截然相反。看对象说话时，一要考虑性别因素，男性一般比较直率，女性一般比较含蓄；二要考虑年龄因素，儿童易于接受形象化的语言，青少年乐于接受时代感强的内容，中年人讲究务实，老年人则更看重含蓄稳重的话语；三要考虑文化因素，与普通文化程度的人交流时应该多使用通俗、简练的表达方式，与文化程度较高的人交流时则应该讲究文采、措辞；四要考虑心理和情绪因素，外向的人对活泼、直率的话语感兴趣，内向的人则更愿意接受沉静、内敛的沟通方式。

2. 看身份说话

人的社会角色不同，对话语表达的适应性也不同。看身份说话时，说话者不但要考虑听者的身份、地位，也要弄清自己的身份、地位，以便在交际中使用自然得体的称谓和口吻。

3. 看场合说话

不同的场合对说话也有不同的要求。隆重的场合一般要求表达严肃，非隆重场合可以谈吐轻松；正式场合一般要求字斟句酌，非正式场合可以用语通俗；悲伤场合应当有所避讳，喜庆场合可以多些诙谐；适宜多说话的场合可以细致深入地说话，不宜多说话的场合一定要简明扼要地说话。场合对于说话者的影响是最为直接、具体的，说话者要依靠自己敏锐、细致的观察力，察觉不同场合的微妙气氛。

（四）优化语言表达的思维方法

1. 科学的思维方法

（1）逆向思维方法。通常，人们习惯沿着事物发展的正向去思考问题并寻求解决办法。逆向思维方法又叫反向思维方法，这种方法就是人们通常所说的"反过来想一想"。

精选案例

一位母亲有两个儿子，大儿子开染布作坊，小儿子做雨伞生意。这位母亲每天都愁眉苦脸：下雨时，怕大儿子染的布没法晒干；天晴时，怕小儿子做的伞卖不出。一位邻居开导她，叫她反过来想：雨天，小儿子的伞会卖得很好；晴天，大儿子染的布很快就能晒干。

（2）追本溯源思维方法。追本溯源思维方法即人们遇到问题后，一步一步地探求事物的本源，从而找出其产生、发展的规律，引出一番见解精辟的发言。

（3）框架式思维方法。写好文章要有好的框架。运用框架式思维方法，即根据一定的内容框架进行布局和思考，可以使说话者快速构思成篇。

2. 科学思维的训练方法

（1）训练思维的转换性。训练思维的转换性，即训练将思维转换成言语的能力。人的具体思维内容，在没有被转换成言语之前，是交织在一起的、模糊的，没有次序，毫无条理。要把思维转换成言语，人们首先应在大脑中寻找恰当的词语来组织语言，然后运用已经积累的知识不断对其进行调整、排序。

训练方法：用几句说明性的言语描述自己最熟悉的人，并说给身边人听。

（2）训练思维的条理性。思维的条理性是指思维有条有理、层次分明、线索清晰、重点突出、框架完整。

训练方法：听一段内容较为混乱的录音材料，然后按照合理的思路将材料重新整理并复述。

（3）训练思维的广阔性。对思维广阔性的训练是以丰富的知识为基础的，这不仅包括以往知识经验的积累运用，还包括知识的不断更新与拓展。

训练方法：选择一则简短而完整的材料，在不更改材料中心思想的前提下，运用尽可能多的表达方法、修辞手法对材料进行扩写。

（4）训练思维的灵活性。思维的灵活性是指在思维活动中将知识运用自如或变通流畅的程度。尤其当条件发生变化时，这种灵活性能使人摒弃固定思维方式，使用新的思维方式。思维的灵活性在口语表达中常体现为机巧的应变能力和诙谐幽默的表达，这不仅需要训练，还需要日常经验的积累。

（五）善于应变与诙谐幽默

在口语表达中，说话者要时常面对一些猝不及防的场面。能否应对突发状况，也就是是否善于应变，往往能决定口语表达的成败。说话者在这种情况下应当善于迅速做出反应，快速而严密地选择和组织相应的语言，做出适当的调整或改变，以摆脱窘境，转被动为主动。

诙谐幽默是思想、才学和灵感的结晶。它针对人性中的弱点或不尽如人意的现实，以嬉笑怒骂的态度，夸张、双关等灵活的方式，俏皮含蓄的语言进行讥讽和解嘲，使人们在会心的微笑中领悟道理。诙谐幽默的语言往往能在口语表达中闪现出绚烂的火花。

（六）重视身体语言的训练

1. 身体语言的作用

身体语言是指人们在社会交往活动中使用的口语之外的所有表达方式，包括姿态、手势、表情、眼神等。

身体语言是人与人之间一种奇妙的非口语类沟通载体，它"无声胜有声"，使人心领神会。相爱的人如果总是用口语来表达自己的情感，就会感觉陌生；常在一起的朋友如果只是用口语交流，也会觉得生疏。身体语言不仅是对口语表达的一种有益的补充，可增加谈话的感染力和效果，还是沟通双方心灵的桥梁。

2. 运用身体语言的基本要求

如何运用身体语言虽没有一定之规，但应当在尊重个人气质、形象和性格的前提下遵循图 1-2 所示的四个原则。

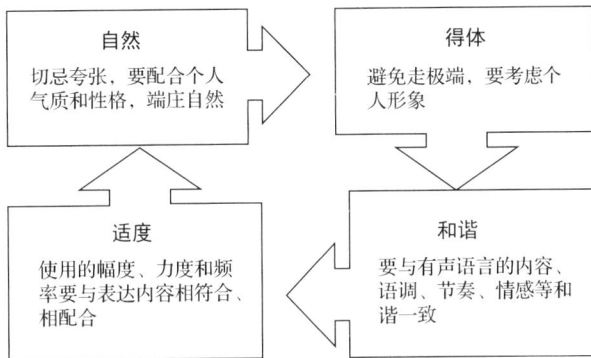

自然	得体
切忌夸张，要配合个人气质和性格，端庄自然	避免走极端，要考虑个人形象
适度	和谐
使用的幅度、力度和频率要与表达内容相符合、相配合	要与有声语言的内容、语调、节奏、情感等和谐一致

图 1-2　运用身体语言的四个原则

（七）塑造悦耳的声音

说话是一门关于声音的艺术，悦耳的声音有无穷的魅力。

1. 科学的运气发声方法

运气发声是学习朗诵的基础练习。在实践中，运气发声主要包括以下几个方面。

（1）进行气息的基本功训练：使气息深（吸得深）、匀（呼得匀）、通（通畅）、活（灵活），稳定、持久、自如。

（2）进行口腔控制的基本功训练：打（打开牙关）、提（提起颧肌）、挺（挺起软腭）、放（放松下巴）和吐字归音（讲究字头叼住弹出，字腹拉开立起，字尾归音弱收）。

（3）进行声音的基本功训练：使声音纯正朴实、明朗大方、圆润集中、刚柔并济、纵收自如、色彩丰富、感染力强、优美动听。

（4）进行用气发声状态积极、松弛、集中的基本功训练：使用气发声状态达到"气息下沉、喉部放松、不挤不僵、声音贯通、字音轻弹、如珠如流、气随情动、声随情走"的要求。

2. 科学的气息控制训练

进行气息控制训练的目的是体会和掌握胸腹联合呼吸的基本动作要领，形成新的、符合朗诵发声要求的呼吸方式。

（1）吸气训练。在做吸气训练时，训练者要保持良好的精神状态，放松肩、胸，做到"兴奋从容两肋开，不觉吸气气自来"。

① 以衣襟中间的纽扣为标记，把空气缓缓吸到最下面一颗纽扣的位置。

②坐在椅子的前沿，上身略向前倾，"沿着后背"将空气缓缓吸入。这种方法不仅排除了单纯的胸部用力吸气的可能，还容易产生两肋打开的感觉。

③假装远处飘来一股花香，闻一闻是什么花的气味。这种方法可以将空气吸得深入、自然，也能让训练者体会到什么是降膈和开肋。

④调整意念，即觉得空气是从全身的毛孔吸入体内的。这会使训练者的两肋展开得较充分。

⑤半打哈欠，即以半打哈欠状态打开牙关、提起上腭（软腭有撑起感），再缓缓闭拢。

（2）呼气训练。训练者做呼气练习时应自然放松，不能为了延长时间而憋气、紧喉。具体的训练步骤如下。

①以叹气方法呼出空气，且不发出任何声音，体会喉部如何放松。

②缓缓、持续地发出"ai"的声音。

③均匀、缓慢地吹去桌面上的尘土或吹歪蜡烛火苗，使其既不直也不灭。

④发出纯净、音高自然一致的"a"的延长音。

⑤数数，即每秒数出两个个位数。

⑥数葫芦，即清晰地发出"一口气数不了二十个葫芦，一个葫芦，两个葫芦，三个葫芦，四个葫芦……"。

知识拓展

演讲与口才的训练要点

1. 具备持之以恒的毅力

这一点的重要性超出人们的想象。假如一个人没有为其梦想奋斗的热情，那么他必然不会有什么进步；假如一个人能持之以恒地为实现自己的目标奋斗且脚踏实地，那么，世界上就没有什么事情能够阻碍他。

2. 清楚自己要说什么

面对听众时，一个人如果没有想清楚并组织好自己所要说的话，就会感到不舒服，会懊悔自己没有做好充分的准备，为自己的粗心大意感到羞愧。

3. 带着信心出发

我们要敢想、敢做，充分发挥意志的作用，因为勇气可以战胜恐惧。无论何时何地，人们都会赞赏勇敢。所以，不管你的内心世界曾遭受怎样的重创，你都应该勇敢地大步向前，坚强、自信地站在别人面前，勇敢地进行演讲。

4. 将练习进行到底

这一点是训练者千万要记住的：在演讲与口才训练中，培养自信的首要且有效的方法就是开口讲。其实，培养自信的非常重要的方法就是练习，练习，再练习！这是其他方法奏效的先决条件，没有它，一切都是空谈。

学以致用

（1）口语训练有哪些方法？

（2）什么是口才？施展口才应具备哪些素质？

（3）提高口才的基本途径有哪些？

第二课

普通话及其训练

至理名言

世间没有一种具有真正价值的东西是可以不经过艰苦辛勤的劳动而能够得到的。

——爱迪生

应知导航

（1）推广普通话的重要性。

（2）普通话的训练方法。

（3）如何在不同的文体中应用普通话。

知识探究

科学的口才训练非常看重语音准确。语音准确就是讲普通话。2001 年 1 月 1 日起施行的《国家通用语言文字法》明确了普通话作为我国通用语言的地位。

普通话"以北京语音为标准音，以北方话为基础方言，以典范的现代白话文著作为语法规范"。

普通话是中华民族大家庭的共同语言，其规范性和广泛性帮助天南海北的人们拥有了共同的交流方式。

只有握住普通话这把金钥匙，才能打开口才的大门。

一、推广普通话的重要性

学会讲一口标准的普通话，是练好口才的基本条件。

我国古代统治者对统一、规范语言文字采取过一些措施，因为他们看到了语言文字能为统一国家、稳固政权服务。没有统一语言的国家，就如同缺少四通八达道路网的城市，呈现在人们面前的只能是无尽的混乱。

我国幅员辽阔、民族众多，方言十分复杂，汉语有七大方言区，包括北方方言区、吴方言区、湘方言区、赣方言区、客家方言区、粤方言区和闽方言区，而且每个方言区内部也存在各具特色的土语群。方言差异可以大到有些乡村虽然只有一山一水之隔，却言语不通。

工业化、信息化时代必须有一种统一的沟通工具，来满足社会物质文明和精神文明高速发展的需求。

此外，人工智能的普及也要求人们必须使用一种标准的语言进行操作。

随着经济的发展及对外交流的日益频繁，世界各国都掀起了学习汉语的热潮。作为中国公民，我们有必要把普通话学好，以便更好地发挥自己在社会主义现代化建设中的作用。

二、普通话的基本训练

（一）声母

声母是汉语音节开头的辅音。普通话有 21 个辅音声母。

应知导航

声母歌

春（ch）日（r）起（q）每（m）早（z），
采（c）桑（s）惊（j）啼（t）鸟（n），
风（f）过（g）扑（p）鼻（b）香（x），
花（h）开（k）落（l），知（zh）多（d）少（sh）。

不同声母的发音部位和发音方法不同。发音部位指发辅音时，参与节制气流的发音器官的部位。发音方法指发辅音时，构成阻碍和解除阻碍的方法。

按发音部位分类，声母可分为七类：双唇音、唇齿音、舌尖前音、舌尖中音、舌尖后音、舌面音、舌根音。

按发音方法分类，声母可分为五类：塞音、擦音、塞擦音、鼻音、边音。

1. 声母分类

普通话声母分类如表 1-1 所示。

表 1-1　普通话声母分类

发音部位	发音方法							
	塞音		塞擦音		擦音		鼻音	边音
	清音		清音		清音	浊音	浊音	浊音
	不送气	送气	不送气	送气				
双唇音	b	p					m	
唇齿音					f			
舌尖前音			z	c	s			
舌尖中音	d	t					n	l
舌尖后音			zh	ch	sh	r		
舌面音			j	q	x			
舌根音	g	k			h			

2. 声母发音中的难点辨析

声母的 21 个字母中有一些发音是非常相近的，需要对口腔进行严格的控制才能发对音、发准音。练好普通话的基本发音非一日之功，训练者可以按下面的步骤进行专项训练。

（1）声母难点辨析：zh、ch、sh 与 z、c、s。

声母 zh、ch、sh 在发出时需要舌尖上翘，所以又叫翘舌音；声母 z、c、s 在发出时需要舌尖平伸，所以又叫平舌音。我国很多方言区的人分不清翘舌音和平舌音。

以下训练需逐一进行。

① 舌尖后音 zh、ch、sh 和舌尖前音 z、c、s 对比辨音练习。

自（zì）愿—志（zhì）愿　　　　鱼刺（cì）—鱼翅（chì）

私（sī）人—诗（shī）人　　　　仿造（zào）—仿照（zhào）

粗（cū）布—初（chū）步　　　　姿（zī）势—知（zhī）识

新春（chūn）—新村（cūn）　　　宗（zōng）旨—终（zhōng）止

资（zī）助—支（zhī）柱　　　　自（zì）动—制（zhì）动

物资（zī）—物质（zhì）　　　　糟（zāo）了—招（zhāo）了

近似（sì）—近视（shì）　　　　搜（sōu）集—收（shōu）集

增（zēng）订—征（zhēng）订　　从（cóng）来—重（chóng）来

支（zhī）援—资（zī）源　　　　主（zhǔ）力—阻（zǔ）力

木柴（chái）—木材（cái）　　　商（shāng）业—桑（sāng）叶

申诉（sù）—申述（shù）　　　　摘（zhāi）花—栽（zāi）花

午睡（shuì）—五岁（suì）　　　八成（chéng）—八层（céng）

树（shù）立—肃（sù）立　　　　找（zhǎo）到—早（zǎo）到

乱吵（chǎo）—乱草（cǎo）

② 读准舌尖后音 zh、ch、sh 和舌尖前音 z、c、s。

振作（zhènzuò）	正宗（zhèngzōng）	赈灾（zhènzāi）
职责（zhízé）	沼泽（zhǎozé）	制作（zhìzuò）
杂志（zázhì）	栽种（zāizhòng）	增长（zēngzhǎng）
资助（zīzhù）	自制（zìzhì）	自重（zìzhòng）
差错（chācuò）	陈醋（chéncù）	成材（chéngcái）
出操（chūcāo）	除草（chúcǎo）	储藏（chǔcáng）
财产（cáichǎn）	采茶（cǎichá）	残喘（cánchuǎn）
操场（cāochǎng）	磁场（cíchǎng）	促成（cùchéng）
上司（shàngsi）	哨所（shàosuǒ）	深思（shēnsī）
生死（shēngsǐ）	绳索（shéngsuǒ）	石笋（shísǔn）
散失（sànshī）	扫射（sǎoshè）	四声（sìshēng）
宿舍（sùshè）	随时（suíshí）	所属（suǒshǔ）

③ 练习并熟读下面的绕口令。

四是四，十是十，十四是十四，四十是四十，

s sh s　sh sh sh　sh s sh sh s　s sh sh s sh

不要把十四说成四十，也不要把四十说成十四。

　　　　sh s　　s sh　　　　　s sh　　sh s

（2）声母难点辨析：n 与 l。

舌尖中鼻音 n 和舌尖中边音 l 是声母发音中一对比较有难度的字母，它们发音部位的不同之处就在于前者运用鼻音，而后者则需用气息震动舌边发音。南方很多方言区的人在练习这对字母的时候会有些困难。训练者可以参照表 1-2 的内容进行练习。

表 1-2　舌尖中鼻音 n 和舌尖中边音 l 练习对照

韵母	n	l
a	①那（姓）②拿③哪④那纳呐捺钠	①拉啦垃③喇④辣剌瘌蜡腊
e	呢	①嘞④乐勒
i	②尼泥呢霓③你拟④腻匿	②离篱璃厘狸黎犁梨蜊③礼里理鲤李
u	②奴③努④怒	②卢庐炉芦轳颅③卤虏鲁橹④碌陆路赂鹭露录鹿辘绿
ü	③女	②驴③吕侣铝旅屡缕④虑滤律率氯绿
ai	③乃奶④奈耐	②来④赖癞
ei	③馁④内	①勒②雷擂镭③累垒儡蕾④累类泪肋
ao	②挠蛲铙③脑恼④闹	①捞②劳痨牢③老姥④涝烙酪

续表

韵母	n	l
ou		①搂②楼喽耧③搂篓④陋漏露
ia		③俩
ie	①捏④聂蹑镊镍孽	③咧④列烈裂劣猎冽洌
iao	③鸟袅④尿	①撩②辽疗僚潦燎嘹聊寥③了④料廖瞭
iu	①妞②牛③扭纽④拗	①溜②刘流琉硫留榴瘤③柳绺④六馏
uo	②挪④懦诺糯	①啰捋②罗萝逻箩锣螺骡③裸④落洛络骆
üe	④虐	④略掠
an	②难男南楠④难	②兰栏篮蓝婪③懒览揽榄缆④烂滥
ang	②囊	①啷②狼郎廊榔螂琅③朗④浪
eng	②能	②棱③冷④愣
ong	②农浓脓④弄	②龙咙聋笼隆窿③垄拢陇④弄
ian	①蔫拈②年粘鲇③撵捻碾④念	②怜连莲联帘廉镰③脸④炼链练恋潋殓
in	②您	②邻鳞麟林淋琳临③凛檩④吝蔺赁
iang	②娘④酿	②良凉梁粮量③两④亮晾谅辆量
ing	②宁拧柠咛凝③拧④宁泞佞拧	②灵龄伶蛉凌陵菱③岭领④令另
uan	③暖	②滦栾③卵④乱
un		①抡②仑伦沦轮④论

注：表中的数字表示声调，①是阴平，②是阳平，③是上声，④是去声。

（3）声母难点辨析：f与h。

湘方言、赣方言、客家方言、闽方言、粤方言等方言都不能分辨清楚声母f和h，北方方言也存在声母f和h混读的现象。训练者需要先分清声母f和h的发音，再分清声母f和h对应的字词。

以下训练需逐一进行。

①f、h对比辨音练习。

舅父（fù）—救护（hù）　　　　　公费（fèi）—工会（huì）

附（fù）注—互（hù）助　　　　　仿（fǎng）佛（fú）—恍（huǎng）惚（hū）

防（fáng）虫—蝗（huáng）虫　　　斧（fǔ）头—虎（hǔ）头

飞（fēi）机—灰（huī）鸡　　　　　非（fēi）凡（fán）—辉（huī）煌（huáng）

奋（fèn）战—混（hùn）战　　　　　复（fù）员—互（hù）援

方（fāng）地—荒（huāng）地　　　防（fáng）止—黄（huáng）纸

②读准f和h。

发话（fāhuà）　　　　　发慌（fāhuāng）　　　　　反悔（fǎnhuǐ）

繁华（fánhuá）　　　　丰厚（fēnghòu）　　　　复合（fùhé）

混纺（hùnfǎng）　　　　后方（hòufāng）　　　　化肥（huàféi）

洪峰（hóngfēng）　　　　画符（huàfú）　　　　　花粉（huāfěn）

③ 练习并熟读下面的绕口令。

丰丰和芳芳，上街买混纺。

f f　　f f　　　　　　h f

红混纺、粉混纺、黄混纺、灰混纺、红花混纺做裙子，粉花混纺做衣裳。

h h f　f h f　h h f　h h f　h h h f　　　f h h f

红、粉、灰、黄花样多，五颜六色好混纺。

h　f　h　h h　　　　　　　h f

（4）声母难点辨析：zh、ch、sh 与 j、q、x。

粤方言、闽方言、湘方言及吴方言会出现声母 zh、ch、sh 与 j、q、x 混用的情况，如把"知道"读成"机道"，把"少数"读成"小数"。

北方方言区、吴方言区及湘方言区中的一些人常常把 j、q、x 发成 z、c、s，把团音（声母 j、q、x 跟 i、ü 或以 i、ü 起头的韵母相拼）发成尖音（声母 z、c、s 跟 i、ü 或以 i、ü 起头的韵母相拼），如把"jiǔ"读成"ziǔ"。其实，普通话不分团音、尖音。声母 z、c、s 不能和 i、ü 或以 i、ü 起头的韵母相拼，而 j、q、x 可以。产生这种错误的主要原因是舌面前音 j、q、x 是由舌面前部与硬腭形成阻碍而发声的，有些人的发声部位太靠近舌尖。

以下训练需逐一进行。

① zh、ch、sh 和 j、q、x 对比辨音练习。

墨迹（jì）—墨汁（zhī）　　　　就（jiù）业—昼（zhòu）夜

详细（xì）—翔实（shí）　　　　修（xiū）饰—收（shōu）拾

交际（jì）—交织（zhī）　　　　浅（qiǎn）明—阐（chǎn）明

缺席（xí）—确实（shí）　　　　电线（xiàn）—电扇（shàn）

密集（jí）—密植（zhí）　　　　砖墙（qiáng）—专长（cháng）

获悉（xī）—获释（shì）　　　　艰辛（xīn）—艰深（shēn）

边际（jì）—编制（zhì）　　　　洗（xǐ）礼—失（shī）礼

逍（xiāo）遥—烧（shāo）窑

② 读准下列词汇。

缉私（jīsī）　　　集资（jízī）　　　其次（qícì）　　　袖子（xiùzi）

下策（xiàcè）　　　习字（xízì）　　　戏词（xìcí）　　　资金（zījīn）

字迹（zìjì）　　　字据（zìjù）　　　自己（zìjǐ）　　　自觉（zìjué）

瓷器（cíqì）　　　刺激（cìjī）　　　思绪（sīxù）　　　司机（sījī）

丝线（sīxiàn）　　　四季（sìjì）　　　私交（sījiāo）　　　私情（sīqíng）

私心（sīxīn）　　　消失（xiāoshī）　　　秩序（zhìxù）　　　剪除（jiǎnchú）

精致（jīngzhì）　　　趋势（qūshì）　　　沉寂（chénjì）　　　深浅（shēnqiǎn）

审讯（shěnxùn）　少将（shàojiàng）

（二）韵母

韵母是汉语音节中声母后面的部分。普通话中有 39 个韵母。韵母主要由元音构成，有的韵母由单个元音充当，有的韵母由 2 个或 3 个元音复合而成，还有的韵母由元音加上鼻辅音 n 和 ng 构成。

小贴士

韵母歌

人远江空夜，浪滑一舟轻。
儿咏诶唷调，橹合嗳啊声。
网罩波心月，竿穿水面云。
鱼虾留瓮内，快活四时春。

普通话韵母按结构可以分为单韵母、复韵母、鼻韵母；按开头元音发音口型可以分为开口呼、齐齿呼、合口呼和撮口呼，简称"四呼"。普通话韵母如表 1-3 所示。

表 1-3　普通话韵母

韵母结构	发音口型			
	开口呼	齐齿呼	合口呼	撮口呼
单韵母	-i	i	u	ü
	a			
	o			
	e			
	ê			
	er			
复韵母		ia	ua	
			uo	
		ie		üe
	ai		uai	
	ei		uei	
	ao	iao		
	ou	iou		

续表

韵母结构	发音口型			
	开口呼	齐齿呼	合口呼	撮口呼
鼻韵母	an	ian	uan	üan
	en	in	uen	ün
	ang	iang	uang	
	eng	ing	ueng	
			ong	iong

1. 单韵母

单韵母是由一个元音因素构成的韵母，也叫单元音韵母。普通话中有 10 个单元音韵母。下方内容为单韵母发音中的难点辨析。

（1）单韵母发音中的 i 与 ü。

有些方言会将 i 和 ü 读成 i，如把"鱼头"读成"姨头"。

以下训练需逐一进行。

① i、ü 对比辨音练习。

生育（yù）—生意（yì）　　居（jū）住—记（jì）住
聚（jù）会—忌（jì）讳　　取（qǔ）名—起（qǐ）名
于（yú）是—仪（yí）式　　名誉（yù）—名义（yì）
遇（yù）见—意（yì）见　　舆（yú）论—议（yì）论
美育（yù）—美意（yì）　　姓吕（Lǚ）—姓李（Lǐ）
雨（yǔ）具—以（yǐ）及　　区（qū）域—歧（qí）义

② 练习读准 i 和 ü。

继续（jìxù）　　纪律（jìlǜ）　　谜语（míyǔ）体育（tǐyù）例句（lìjù）
履历（lǚlì）　　语气（yǔqì）距离（jùlí）　　曲艺（qǔyì）具体（jùtǐ）
比喻（bǐyù）　　与其（yǔqí）寄语（jìyǔ）　　一律（yīlǜ）预计（yùjì）
羽翼（yǔyì）　　抑郁（yìyù）雨季（yǔjì）　　聚集（jùjí）急剧（jíjù）

（2）单韵母发音中的 e 与 o。

北方地区有些方言会把韵母 o 念成韵母 e，西南地区有些方言会把韵母 e 读成韵母 o。

普通话的韵母 o 只跟声母 b、p、m、f 拼合，而韵母 e 不能和这 4 个声母拼合，所以声母 b、p、m、f 后面的韵母一定是 o 而不是 e。

以下训练需逐一进行。

① 读准 e 和 o。

脖（bó）子　　老婆（po）　　蘑（mó）菇　　鸟窝（wō）
伯（bó）父　　哥（gē）哥　　天鹅（é）　　河（hé）水

毒蛇（shé）　　　记者（zhě）　　　叵（pǒ）测（cè）波（bō）折（zhé）

恶（è）魔（mó）　　　　　　　　　刻（kè）薄（bó）河（hé）坡（pō）

② 练习并熟读下面的绕口令。

哥哥弟弟坡前坐，坡上卧着一只鹅，坡下流着一条河。哥哥说，宽宽的河。弟弟说，肥肥的鹅。鹅要过河，河要渡鹅。不知是鹅过河，还是河渡鹅。

2. 复韵母

由 2 个或 3 个元音结合而成的韵母叫复韵母。普通话共有 13 个复韵母：ai、ei、ao、ou、ia、ie、ua、uo、üe、iao、iou、uai、uei。根据主要元音所处的位置，复韵母可以分为前响复韵母、中响复韵母和后响复韵母。

复韵母的对比训练展示如下。

（1）练习读准 ai 和 ei。

白费（báifèi）　　败北（bàiběi）　　代培（dàipéi）　　败类（bàilèi）

悲哀（bēi'āi）　　黑白（hēibái）　　擂台（lèitái）　　内海（nèihǎi）

（2）练习读准 ao 和 ou。

保守（bǎoshǒu）　刀口（dāokǒu）　　稿酬（gǎochóu）　毛豆（máodòu）

矛头（máotóu）　　酬劳（chóuláo）　逗号（dòuhào）　　漏勺（lòusháo）

柔道（róudào）　　手套（shǒutào）

（3）练习读准 ia 和 ie。

家业（jiāyè）　　　佳节（jiājié）　　假借（jiǎjiè）　　嫁接（jiàjiē）

接洽（jiēqià）　　　野鸭（yěyā）　　截下（jiéxià）　　跌价（diējià）

（4）练习读准 ie 和 üe。

解决（jiějué）　　　竭蹶（jiéjué）　　谢绝（xièjué）　　灭绝（mièjué）

月夜（yuèyè）　　　确切（quèqiè）　　学业（xuéyè）　　决裂（juéliè）

（5）练习读准 ua 和 uo/o。

花朵（huāduǒ）　　话说（huàshuō）　划拨（huàbō）　　华佗（HuàTuó）

帛画（bóhuà）　　　国画（guóhuà）　火花（huǒhuā）　　说话（shuōhuà）

（6）练习读准 iao 和 iou（iou 前加声母时要写成 iu）。

交流（jiāoliú）　　　娇羞（jiāoxiū）　料酒（liàojiǔ）　　校友（xiàoyǒu）

要求（yāoqiú）　　　丢掉（diūdiào）　柳条（liǔtiáo）　　牛角（niújiǎo）

袖标（xiùbiāo）　　　油条（yóutiáo）

（7）练习读准 uai 和 uei（uei 前加辅音声母时要写成 ui）。

怪罪（guàizuì）　　　快嘴（kuàizuǐ）　衰退（shuāituì）　对外（duìwài）

鬼怪（guǐguài）　　　追怀（zhuīhuái）毁坏（huǐhuài）

3. 鼻韵母

由 1 个或 2 个元音和鼻辅音构成的韵母叫鼻韵母。鼻韵母共有 16 个：an、ian、uan、üan、en、in、uen、ün、ang、iang、uang、eng、ing、ueng、ong、iong。

鼻韵母的对比训练展示如下。

（1）an、ang 对比辨音练习。

扳（bān）手—帮（bāng）手　　　女篮（lán）—女郎（láng）

反（fǎn）问—访（fǎng）问　　　担（dān）心—当（dāng）心

唐（táng）宋—弹（tán）送　　　水干（gān）—水缸（gāng）

看（kān）家—康（kāng）佳　　　战（zhàn）防—账（zhàng）房

赏（shǎng）光—闪（shǎn）光　　冉（rǎn）冉—攘（rǎng）攘

土壤（rǎng）—涂染（rǎn）　　　张（zhāng）贴—粘（zhān）贴

（2）练习读准 ian 和 iang。

演讲（yǎnjiǎng）　　　　现象（xiànxiàng）　　　坚强（jiānqiáng）

绵羊（miányáng）　　　　岩浆（yánjiāng）　　　镶嵌（xiāngqiàn）

香甜（xiāngtián）　　　　想念（xiǎngniàn）　　　两面（liǎngmiàn）

量变（liàngbiàn）

（3）练习读准 uan 和 uang。

观光（guānguāng）　　　　　　　宽广（kuānguǎng）

观望（guānwàng）　　　　　　　万状（wànzhuàng）

端庄（duānzhuāng）　　　　　　光环（guānghuán）

狂欢（kuánghuān）　　　　　　　双关（shuāngguān）

王冠（wángguān）　　　　　　　壮观（zhuàngguān）

（4）en、eng 对比辨音练习。

陈（chén）旧—成（chéng）就　　　真（zhēn）气—蒸（zhēng）汽

整（zhěng）段—诊（zhěn）断　　　上身（shēn）—上升（shēng）

人参（shēn）—人生（shēng）　　　针（zhēn）眼—睁（zhēng）眼

成（chéng）风—晨（chén）风　　　同门（mén）—同盟（méng）

瓜分（fēn）—刮风（fēng）　　　　出生（shēng）—出身（shēn）

粉（fěn）刺—讽（fěng）刺　　　　花盆（pén）—花棚（péng）

分（fēn）子—疯（fēng）子　　　　正（zhèng）中—震（zhèn）中

深（shēn）耕（gēng）—生（shēng）根（gēn）

分（fēn）针（zhēn）—风（fēng）筝（zheng）

深（shēn）沉（chén）—生（shēng）成（chéng）

审（shěn）视—省（shěng）市

（5）in、ing 对比辨音练习。

红心（xīn）—红星（xīng）　　　　人民（mín）—人名（míng）

信（xìn）服—幸（xìng）福　　　　劲（jìn）头—镜（jìng）头

婴（yīng）儿—因（yīn）而　　　　海滨（bīn）—海兵（bīng）

零（líng）时—临（lín）时　　　　静（jìng）止—禁（jìn）止

谈情（qíng）—弹琴（qín）　　　　印（yìn）象—映（yìng）像

冰（bīng）棺—宾（bīn）馆　　　　频（pín）频—平（píng）平

今（jīn）天—惊（jīng）天　　　　亲（qīn）近（jìn）—清（qīng）静（jìng）

金（jīn）银（yín）—晶（jīng）莹（yíng）

（三）声调

声调是指一个音节的高低升降形式，主要由音高决定。

调值指声调高低、升降、曲直、长短的实际发音，调值的高低、升降、曲直是由声带的松紧造成的。描写调值常用五度标调法。五度标调法是把一条竖线进行四等分，得到五个点，自下而上定为五度：1度是低音，2度是半低音，3度是中音，4度是半高音，5度是高音。五度标调法如图1-3所示。

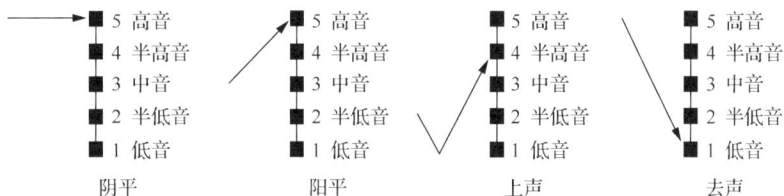

图1-3　五度标调法

1. 阴平

阴平高而平，为高平调；用五度标调法表示，就是从5度到5度，写作"55"。发音时，声带绷到最紧，一直保持高音状态。

例如：青春光辉、春天花开、公司通知、新屋出租。

2. 阳平

阳平为中升调，起音比阴平稍低，然后升高；用五度标调法表示，就是从3度升到5度，写作"35"。发音时，声带从不松不紧开始，逐步绷紧，直到最紧，声音从不低不高到最高。

例如：人民银行、连年和平、农民犁田、圆形循环。

3. 上（shǎng）声

上声为降升调，起音半低，先降后升；用五度标调法表示，就是从2度降到1度再升到4度，写作"214"。发音时，声带从略微有些紧张开始，立刻松弛下来，稍稍延长，然后迅速绷紧，但没有绷到最紧。

例如：彼此理解、理想美满、永远友好、管理很好。

4. 去声

去声为全降调，起音高，接着往下滑；用五度标调法表示，就是从5度降到1度，写作"51"。发音时，声带从紧开始到完全松弛，声音从高到低，音长是最短的。

例如：下次注意、世界教育、报告胜利、创造利润。

三、普通话的语流音变

（一）什么是语流音变

在人们说话时，具体的音素组合在一起，会形成长短不等的一段段的语流。在连续的语流中，一个音可能由于邻近音的影响，或自身所处位置的不同，或说话的快慢、高低、强弱的不同，而在发音上产生一些变化，这种现象叫语流音变。

普通话的语流音变主要包括变调、轻声、儿化、语气词"啊"的音变等。

（二）语流音变的规律

1. 变调

在语流中，由于相邻音节的相互影响，某个音节原来的调值会发生变化，这种变化叫变调。

（1）上声的变调规律。

念半上——上声在阴平、阳平、去声前面念半上，调值由"214"变成"21"或"211"，也就是只降不升，又因为上声的起音较低，所以近似低平调。

例如：每天（měi tiān）、每年（měi nián）、每月（měi yuè）。

念直上——上声跟上声相连，前面的上声变成升调，跟阳平一样或近似阳平，调值由"214"变成"24"或"35"。

例如：美好（měihǎo）、厂长（chǎngzhǎng）、领导（lǐngdǎo）。

（2）"一"的变调规律。

"一"的变调规律如表 1-4 所示。

表1–4　"一"的变调规律

原调	单念或在末尾念原调	在去声前变阳平	在非去声前变去声
yī 一	yī 一、二、三 第一、三十一	yí 一日 一万	yì 一年 一起

（3）"不"的变调规律。

"不"的变调规律如表 1-5 所示。

表1–5　"不"的变调规律

原调	单念或在非去声前念原调	在去声前变阳平
bù 不	bù 不说 不来 不好	bú 不去 不对 不怕

2. 轻声

轻声是一种特殊的音变现象。普通话音节都有一个固定的声调，可是某些音节在词语和句子中会失去它原有的声调，重新构成自身特有的音高形式，给人轻而短的听觉效果。

（1）轻声的作用。

普通话里有些词或词组靠轻声音节与非轻声音节区分意义和词性。此外，轻声也能使语言流畅，富有韵律感。

用轻声来区分不同意义的词汇如下所示。

兄弟（xiōngdì）：（名）哥哥和弟弟。

兄弟（xiōngdi）：（名）弟弟；用来称呼年龄比自己小的男子（亲切口气）；谦辞，男子跟辈分相同的人或对众人说话时的自称。

言语（yányǔ）：（名）说的话。

言语（yányu）：（动）说；说话。

运气（yùnqì）：（动）把力气贯注到身体某一部位。

运气（yùqi）：（名）命运；（形）幸运。

（2）轻声的使用规律。

普通话中的多数轻声同词汇、语法有密切联系。

① 语气助词"吗""呢""啊""吧"等。

例如：是吗、他呢、看啊、走吧。

② 助词"着""了""过""的""地""得""们"等。

例如：看过、忙着、来了、我的、勇敢地、喝得（好）、朋友们。

③ 名词的后缀"子""头"。

例如：桌子、椅子、木头、石头。

④ 方位词。

例如：墙上、河里、天上、地下、底下、那边。

⑤ 叠音词和动词的重叠形式后面的字。

例如：说说、想想、弟弟、奶奶、谈谈、跳跳。

⑥ 表示趋向的动词作补语时。

例如：出来、进去、站起来、走进来、取回来。

⑦ 某些常用的双音节词的第二个音节。

例如：明白、暖和、萝卜、玻璃、葡萄、知道、事情。

（3）慎用轻声。

在实际使用中，训练者要根据具体情况和场合谨慎使用轻声，以免弄巧成拙。

在使用轻声时，训练者应当牢记以下几点。

① 在广播活动中能不使用轻声就不使用轻声，在政治性节目中应更加注意语言的规整、严肃。

② 需要使用轻声表示词语意思和词性时必须使用轻声。

③ 轻声音节不能读得含混不清，读轻声字时的气息仍应在控制范围内，

必须尽量保持原韵母中的音色不拖长、不吃字。

3. 儿化

er 在普通话中是一个比较特殊的韵母，既不与声母相拼，也不同其他音素组成复合韵母，只可以自成音节。此外，er 常附在其他音节后边，使这个音节发生变化，成为一个带卷舌动作的韵母，这就是儿化。

（1）儿化的作用。

儿化能帮助人们区分词语意思、确定词性，使语言带有小、少的意思或喜爱、蔑视的感情色彩。但是值得注意的是，在广播活动中特别是在广播严肃性内容时应尽量少用儿化音，必须用的时候再用且儿化程度也不应过强。

区分词性的儿化。

例如：盖（动词）—盖儿（名词）；个（量词）—个儿（名词）。

区分词语意思的儿化。

例如：信（信件）—信儿（消息）；末（最后）—末儿（细碎的或呈粉状的东西）。

表示喜爱等感情色彩的儿化。

例如：小曲儿、来玩儿、大婶儿、慢慢儿走。

表示小、少意思的儿化。

例如：小鱼儿、门缝儿、一会儿、办事儿。

（2）儿化的发音规律。

韵母为 a、o、e、u 的音节儿化后主要元音基本不变，后面直接加上表示卷舌动作的"r"。

例如：号码儿（hàomǎr）、山坡儿（shānpōr）、饭盒儿（fànhér）、水珠儿（shuǐzhūr）。

韵母 ia、ua、ao、ou、uo、iao 和 iou 等儿化后主要元音或韵尾基本不变，后面直接加"r"。

例如：一下儿（yíxiàr）、鲜花儿（xiānhuār）、手稿儿（shǒugǎor）、封口儿（fēngkǒur）。

韵母 i、ü 儿化后在原韵母之后加上"er"后，i、ü 保留。

例如：小米儿（xiǎomiěr）、有趣儿（yǒuquèr）。

韵母 -i（前、后）儿化后失去原韵母，后面加上"er"。

例如：戏词儿（xìcér）、果汁儿（guǒzhēr）。

以 i 或 n 为韵尾的韵母儿化后丢掉韵尾，主要元音后面加"r"。

例如：一块儿（yíkuàr）、树根儿（shùgēr）。

以 ng 为韵尾的韵母儿化后丢掉韵尾 ng，鼻化主要元音，同时在鼻化元音后加上"r"。

例如：瓜瓤儿（guārár）、板凳儿（bǎndèr）。

韵母 in、ün 儿化后丢掉韵尾 n，保留主要元音，后面加上"er"；韵母

ing 儿化后丢掉韵尾 ng，保留主要元音，后面加上鼻化的"er"。

例如：手印儿（shǒuyièr）、花裙儿（huāquér）。

小贴士

绕口令

进了门儿，倒杯水儿，喝了两口运运气儿。顺手拿起小唱本儿，唱一曲儿，又一曲儿，练完了嗓子我练嘴皮儿。绕口令儿，练字音儿，还有单弦儿牌子曲儿；小快板儿，大鼓词儿，又说又唱我真带劲儿！

4. 语气词"啊"的音变

"啊"作为语气词单念时，随语气和感情的变化，有多种念法。"啊"由于跟前一个音节连读而受其末尾音素的合音影响，常常发生音变现象。"啊"的音变是一种增音现象（包括同化增音和异化增音）。在不同的语音环境中，"啊"的读音有不同的变化形式。"啊"的不同读音可用相应的汉字来表示。

"啊"的音变主要有以下几种情况。

前面音节的末尾音素是 a、o、e、i、ü、ê 的，读作"ya"。

例如：快去找他呀（tā ya）；今天好热呀（rè ya）；你可要拿定主意呀（yì ya）。

前面音节的末尾音素是 u（包括 ao，iao）的，读作"wa"。

例如：他人挺好哇（hǎo wa）；口气可真不小哇（xiǎo wa）。

前面音节的末尾音素是 n 的，读作"na"。

例如：早晨的空气多清新哪（xīn na）；你猜得真准哪（zhǔn na）。

前面音节的末尾音素是 ng 的，读作"nga"。

例如：你要注意听啊（tīng nga）；我最近太忙了啊（máng nga）。

前面音节的末尾音素是 -i（前）的，读作"za"；前面音节的末尾音素是 -i（后）的，读作"ra"。

例如：你今天来回几次啊（cìza）；你有什么事啊（shìra）。

四、普通话的读诵技巧

读诵要求字正腔圆，语句熟练，语调、语气表达情意。读诵的锻炼是引领人们由生活语言过渡到艺术语言的重要方法。经常朗读朗诵的人，吐字发音会更加准确有力，声音会更加响亮优美，语调会更富有感情，口语能力会有明显提高。有的人说话时声音不佳、口齿不清、语调平淡。只要经过读诵训练，这些口语表达中的顽症就可以逐渐消失。

许多演讲家都是通过读诵训练来提高自己的口才的。

（一）做好读诵的准备

读诵和日常说话不同，它除了要求忠于作品原貌，不添字、漏字、改字、回读外，还要求在声母、韵母、声调、轻声、儿化、音变及语句的表达方式等方面都符合普通话语音的规范。

1. 针对字词进行准备

（1）多音字。训练者可以从两个方面学习多音字：一是学习意义不同的多音字时，要着重弄清其不同的意义；二是学习意义相同的多音字时，要着重弄清其不同的使用场合。

"禁"表示"承受、忍受"时，读"jīn"，如禁受、弱不禁风、情不自禁、忍俊不禁；表示"不准许"时，读"jìn"，如禁令、严禁、禁止、查禁。

"累"表示"堆积、积聚"时，读"lěi"，如积累、危如累卵、日积月累；表示"辛苦"时，读"lèi"，如劳累、疲累、又苦又累。

"缝"作动词时，读"féng"，如缝补、缝纫、缝衣服；作名词时，读"fèng"，如缝隙、墙缝、无缝钢管。

（2）相近字。训练者要注意由字形相近或由偏旁类推引起的误读。这种误读十分常见。

例如：辨—瓣—辫—辩、赢—羸、衷—哀—衰、燎—镣—潦—撩、戳—截、茵—芮—内—肉—丙。

2. 针对篇章进行准备

拿到一篇优秀的作品后，在正式读诵之前，训练者必须做好充分的准备。

（1）理解作品的主题。理解作品的主题是指训练者要熟悉作品，从理性上把握作品的思想内容和精神实质。

① 了解作者当时的思想和作品的时代背景。

② 深刻理解作品的主题，这是深刻理解作品的关键。

③ 根据不同体裁作品的特点，熟悉作品的内容和结构。

（2）设计读诵的方案。设计读诵的方案是指训练者在深刻理解作品内容的基础上，设计如何通过语音的具体形象把原作的思想感情表达出来。

① 要根据不同体裁、不同题材、不同语言风格，以及不同听众等因素确定读诵的基调。

② 读诵方案应有总体考虑，如作品中写景的地方怎么读，怎么安排快慢、高低、重音和停顿等。

（二）掌握读诵的技巧

读诵的表达技巧和口语表达的技巧一样都需要发音准确，了解语流中的音变规律，讲究声音的抑扬顿挫等。除此之外，读诵的技巧还有很多独特之处。

1. 停顿

读诵时，有些句子较短，按书面标点停顿就可以；有些句子较长，结构比较复杂，句中虽没有标点符号，但为了表达清楚意思，中途也可以做些短暂的停顿。但如果停顿不当就会破坏句子的结构，即读破句。读诵忌读破句。正确的停顿有以下几种类型。

（1）标点符号停顿。标点符号是书面语言的停顿符号，也是朗读作品时语言停顿的重要依据。标点符号的停顿规律一般是句号、问号、感叹号、省略号停顿略长于分号、破折号、连接号；分号、破折号、连接号的停顿时间又长于逗号、冒号；逗号、冒号的停顿时间要比一般的顿号时间长些。但是停顿也不是绝对的，有时出于表达感情的需要，在没有标点的地方也可以停顿，在有标点的地方也可以不停顿。

（2）语法停顿。语法停顿是句子中间的自然停顿。它往往是为了强调、突出句子中的主语、谓语、宾语、定语、状语或补语而做的短暂停顿。

语法停顿示例如下（"/"表示停顿）。

最贵的一顶帽子值两千元钱。（没有顿歇，语意平平。）

最贵的 / 一顶 / 帽子值两千元钱。（顿歇太多，支离破碎。）

最贵的一顶 / 帽子值两千元钱。（这一顶帽子最贵。）

最贵的 / 一顶帽子值两千元钱。（最贵的那一类帽子，每顶都值两千元钱。）

（3）感情停顿。感情停顿不受书面标点和句子语法关系的制约，是完全根据感情或心理需要而做的停顿处理，即它受感情支配，根据感情的需要决定停与不停。它的特点是声断而情不断，也就是声断情连。

2. 重音

重音是指那些在表情达意上起重要作用、在读诵时要特别强调的字、词或短语。重音是通过对声音的强调来突出意义的，能给色彩鲜明、形象生动的词增加分量。重音有以下几种情况。

（1）语法重音。语法重音是按语言习惯自然重读的音节。这些重读的音节大都是按照平时的语言规律确定的。语法重音通常不带特别强烈的感情色彩。

（2）逻辑重音。逻辑重音不受语法制约，是根据语句所要表达的重点决定的，它受读诵者的意愿制约，在句子中的位置是不固定的。逻辑重音的作用在于揭示语言的内在含义。

由于语句目的不同，"我不能去"这一单句中的重音位置也会随之改变。

"我不能去"强调的是"我不能去，其他人可以去"。

"我不能去"表达的是"谁说我能去？"。

"我不能去"强调的是"我不是不肯去"。

"我不能去"是希望让对方来。

3. 语速

语速指口头语言的快慢变化，也是一种使语言富有表现力的重要手段。读诵时使用不同的语速，可以营造不同的气氛，增强语言的表达效果。作品的内容和体裁决定了读诵的速度，其中内容是主要因素。

读诵时的语速要根据作品的思想内容、故事情节、人物个性、环境背景、感情语气、语言特色来处理。当然，语速在读诵一篇作品时并不是一成不变的，要根据具体的内容发生变化。

4. 语调

语调指句子中声音高低升降的变化，能表现出读诵者的感情色彩。在读诵时，读诵者若能突出语调的作用，就能使语音具有动听的腔调和韵律美，也就能更细致地表达不同的思想感情。

语调变化多端，主要有以下几种。

（1）高升调：多在疑问句、反诘句、短促的命令句子中使用，或者是在表示愤怒、紧张、警告、号召的句子中使用。读诵时，读诵者要注意前低后高、语气上扬。

例如：暴风雨！暴风雨就要来啦！

（2）降抑调：一般用在感叹句、祈使句或表示坚决、自信、赞扬等感情的句子里。表达沉痛、悲愤的感情时，一般也用这种语调。读诵时，调子要逐渐降低，末字低而短。

例如：时间过得真快！

（3）平直调：多用在叙述、说明或表示迟疑、思索、冷淡、追忆、悼念等的句子中。读诵时应始终平直舒缓，没有显著的高低变化。

例如：夕阳落山不久，西方的天空，还燃烧着一片橘红色的晚霞。

（4）曲折调：用于表达特殊的感情，如用在表示讽刺、讥笑、夸张、强调、双关、特别惊异等的句子中。读诵时，读诵者要把句子中某些特殊的音节特别加重、加高或拖长，形成一种升降曲折的变化。

例如：可怜的虫子！这样盲目地爬行，什么时候才能爬到墙头呢？

（三）了解不同文体的读诵特点

作品的体裁不同，读诵特点就不同。

1. 诗歌的读诵

诗歌是文学作品中一种最适合读诵的体裁。诗歌以其优美的韵律、明快的节奏、丰富的想象、浓烈的感情、凝练的语言、充实的思想赢得了喜爱读诵艺术的人们的青睐。

（1）为诗歌注入情感。从某种意义上说，诗歌的本质在于抒情，没有澎湃的激情就没有诗歌。因此，读诵者在读诵诗歌时，要充分表达出作者的情感。读诵者流露出来的是发自肺腑的真情实感时，所读诵的一字一句都会亲切感人。

不同文体的读诵
特点

（2）把握诗歌的音乐美。诗歌的音乐美是它的一大特点。诗歌读诵不仅能把平面的语言立体化，还能让它活灵活现地舞动起来。诗歌的音乐美主要体现在诗歌的韵律和节奏上。韵律是合乎规则的相同或相近的声音，它在诗歌中有规律地反复出现，使诗歌的声音组合具有抑扬顿挫的音乐美，加强了声音的表现力。节奏是构成诗歌韵律性的又一个因素，它使诗歌的语句韵律

协调、统一起来，增强了读诵的表达效果。

小贴士

乡愁

余光中

小时候，

乡愁是一枚小小的邮票，

我在这头，

母亲在那头。

长大后，

乡愁是一张窄窄的船票，

我在这头，

新娘在那头。

后来啊，

乡愁是一方矮矮的坟墓，

我在外头，

母亲在里头。

而现在，

乡愁是一湾浅浅的海峡，

我在这头，

大陆在那头。

2. 小说的读诵

小说的读诵最初是以读诵小说片段的形式出现的，一开始就以其丰满的人物形象和引人入胜的故事情节吸引了人们。小说这种常见的文学体裁是通过对人物、情节和环境的具体描绘来反映社会生活的。因此，读诵者要根据小说的特点进行训练。

（1）突出人物个性。人物是小说描写的中心，读诵小说时要惟妙惟肖地用声音来塑造人物形象。不同的人物由于身份、地位、气质、性格不同，表达感情的方式也就不同，读诵者在读诵时要注意表现出他们的个性。小说中的人物形象都显示着作者的是非评价和爱憎态度，读诵者在读诵时必须了解作者的创作意图和思想倾向，使自己形成与作者一致的鲜明态度，这样才能准确地表现人物个性。

（2）表现情节的起伏变化。小说波澜起伏、引人入胜的情节，对表现主题、刻画人物性格具有很重要的作用，读诵者在读诵时要运用不同的节奏和语调把情节的起伏变化表现出来。小说的情节一般分为开端、发展、高潮和结局四个部分，如果从始至终用一种节奏来读诵，就会使人觉得呆板和平淡。

（3）区分叙述语言和人物语言。叙述语言是指叙述故事、刻画人物、描写景物、抒发感情、评论事物的语言。人物语言是指作品中人物的对话、独白、书信等。在小说中，叙述语言和人物语言是交织在一起的，读诵者在读诵时要注意区分。读诵叙述语言的语调一般要低一些，读诵人物语言的语调一般要高一些。应该指出的是，叙述语言在小说中通常占主导地位，人物语言从属于叙述语言。叙述语言把各种人物的语言结合成一个整体，决定着作品的基调，所以，读诵者要特别注意叙述语言和人物语言的衔接和统一。

3. 议论文的读诵

议论文是一种以论述主张、阐明道理和说明问题为主的文体。论点、论据、论证是议论文的三要素。

（1）抓住文章论点。论点是作者在文章中要表明的主张和看法，是文章的核心部分。一篇议论文的中心论点往往会在文章的开头就开宗明义地提出来。读诵者在读诵时要把中心论点鲜明地突出出来，语气要肯定，不能模棱两可，吐字要清晰，不能含糊无力。为了突出中心论点，读诵者可以适当地运用停顿、重音、语速等朗读技巧。

（2）分清层次结构。议论文的说服力就在于其结构严谨、表述准确、条理清晰。读诵议论文时，首先要弄清全文的逻辑结构，做到全局在胸，然后运用不同的读诵技巧把文章的基本脉络清楚地体现出来，在段与段之间保持较大的停顿，在层次与层次之间做较小的停顿，并注意语句的连接和组合，用长短不同的停顿把词语间的关系表现出来。

（3）语气态度要肯定。议论文突出的特点是以理服人，能否服人的关键在于论据是否充分。所以，读诵论据时，无论是列举事实，还是讲说道理，都要读得明白无误、坚定有力、情感饱满，用恰当的语调表现出鲜明的态度。

知识拓展

各种文体的读诵要领

一、诗歌的读诵要领

1. 抓住诗魂，创造意境

诗歌的思想深刻，不仅在于它的语句简洁、凝练、典型、有概括力，还在于作者对事物或现象的深刻认识与高度的艺术升华；诗歌的高雅、优美，不仅在于它的词句华丽多彩，还在于它创造出的令人感兴趣、令人愿意回味的深邃而高远的意境。

2. 把握诗歌的内在律动

诗歌具有和谐的音韵、鲜明的节奏，以及悠扬低回、起伏荡漾，甚为优美的旋律感。要念好一首诗歌，绝不能忽视这些基本因素。具体读诵时的恰当安排绝不亚于写诗歌，字斟句酌、反复推敲、潜心运筹、精心处理、细心品味，方能收到良好的读诵效果。

3．藏起韵脚，释放激情

每首诗歌都有自己特定的韵律和韵脚，这是作者按照自己的构思和喜好的逻辑形式着意安排的，是一种人为的形式感。想象丰富、情感炽热的内容，大都不在显韵之处。因此，读诵者要仔细将韵脚"藏"起，即有意将它弱化，将它的力度和棱角磨掉，使之随着诗歌的情感脉搏自然流出，在情感激流中若隐若现、似有似无。这样，读诵者就可把全部精力贯注到对诗歌的内在激情的感悟中，并最终将全部激情释放出来，从而产生震撼人心的艺术力量。

二、散文的读诵要领

1．感悟心境

散文创作多是有感而发。作者心中如果没有与创作时所见事物、所处情境相合的沉淀良久的感情，是不可能创作出优美的散文的。因此，读诵者要读诵好一篇散文，首先要做的是潜心挖掘，明确作者创作时的特殊心境和作品表达的心境，进而逐渐培植起与作者、作品相同的或相近的心境。这样，读诵者才能把握住作品的情调，道出它的韵味。

2．揣摩情感

很多散文佳作的作者是借助所处环境、所见景物或其他事物，通过含蓄或隐喻的手法，间接地抒发自己的想法，即借景生情、借物抒怀。因此，读诵者在读诵时，不能囿于文辞表层，走马观花，而应该细心揣摩其中的丰富情感，深入挖掘文辞背后的深意。

3．突出散文的语言风格

散文的语言风格多介于生活语言和诗歌语言之间。读诵者在读诵时，既要注意不失语言的"生活化"，保证语气的自然、素朴与表情达意的自如、顺畅，也要糅合诗歌的韵律和节奏。

4．讲求"形散神不散"

读诵者在把握文章灵魂及本质的基础上，还要将它内化成自己的切身体验和感受；带着这样的切身体验和感受，再去精心处理和调节声音、技术上的停续断连，使节奏和谐流畅、气势前后贯通。但是，散文毕竟还有"形散"之态，不像小说、故事那样令人听来饶有兴味。因此，在文章整体气韵的统领下，一般不宜念得太快、太强，处理情感的起伏与转折的棱角也不宜过大，语气的分切也不宜太碎。这样，读诵作品才能既有完好的整体感，又留有充分的想象空间。

三、小说的读诵要领

1．把握基调，抓住风格

读诵好一篇小说，需要把握住小说的基调。读诵者要以原创为基础，从作品的主题、内容出发，着眼全篇，把握好作者的创作动机，形成准确的朗诵基调。此外，读诵者还必须了解作品的风格，形成基本的语气并将其融入基调。

2．驾驭叙述语言，表现人物语言

小说语言可分为叙述语言和人物语言两大类。

叙述语言的作用包括：介绍人物、事件、情节；描写时代背景、自然环境；塑造人物形象，表现人物的行为、内心活动及回忆、幻想等。叙述语言应遵循一条基本原则：它不应是"客观的旁听者"，而应是"热情的知情人和讲述者"，是一个有具体身份和心灵的人物。读诵叙述语言时应采用中声区，使声音听起来自然、有情、流畅、平稳。

人物在小说中占有重要地位，是作品描写的主要对象，是主题的主要体现者。人物有鲜明的性格特征，而人物语言是表现人物性格特征的途径。因此，读诵人物语言时要注意以下几点。

第一，从作品出发，确立人物基调。不同的人物有不同的性格、经历、形象与气质，读诵者要在作品中找出直接或间接的信息，以现实生活为参照物，塑造出具体、可信的人物形象。

第二，处理人物的对白与独白。小说中的人物语言分为对白与独白，对白是刻画人物心理、塑造人物性格的重要武器。因此，除了需要有快速转换、跳进跳出的能力，读诵者还要准确展示出人物关系、语言目的、情感状态、形体动作等不同感觉。

第三，为了达到生动的效果，读诵者在读朗人物语言时可加上表情、声音，如哭泣、咳嗽、气颤等。读诵者也可以加一些相应的象声词，如跑步声、风声、雨声、枪声、打耳光声等，以增加听觉效果，达到引人入胜的目的。

综上所述，小说的读诵难度较高，综合了以下能力和技巧：较高的叙述能力、较强的人物塑造和表演能力、丰富的表达技巧。

学以致用

（1）如何说好普通话？

（2）普通话有哪些读诵技巧？

（3）以下面这首诗歌为例，进行发音训练，要特别注意吐字及音色训练。

生命幻想曲

顾城

把我的幻影和梦，

放在狭长的贝壳里。

柳枝编成的船篷，

还旋绕着夏蝉的长鸣。

拉紧桅绳

风吹起晨雾的帆，

我开航了。

没有目的，
在蓝天中荡漾。
让阳光的瀑布，
洗黑我的皮肤。

太阳是我的纤夫。
它拉着我，
用强光的绳索，
一步步，
走完十二小时的路途。
我被风推着，
向东向西，
太阳消失在暮色里。

黑夜来了，
我驶进银河的港湾。
几千个星星对我看着，
我抛下了
新月——黄金的锚。

天微明，
海洋挤满阴云的冰山，
碰击着，
"轰隆隆"——雷鸣电闪！
我到哪里去呵？
宇宙是这样的无边。

用金黄的麦秸，
织成摇篮，
把我的灵感和心
放在里边。
装好纽扣的车轮，
让时间拖着，

去问候世界。

车轮滚过
百里香和野菊的草间。
蟋蟀欢迎我，
抖动着琴弦。
我把希望溶进花香，
黑夜像山谷，
白昼像峰巅。
睡吧！合上双眼，
世界就与我无关。

时间的马，
累倒了。
黄尾的太平鸟，
在我的车中做窝。
我仍然要徒步走遍世界——
沙漠、森林和偏僻的角落。

太阳烘着地球，
像烤一块面包。
我行走着，
赤着双脚。
我把我的足迹，
像图章印遍大地，
世界也就融进了
我的生命。

我要唱
一支人类的歌曲，
千百年后
在宇宙中共鸣。

女将军坚韧不拔，话语铿锵有力

我国的女将军虽不多，但都在各自的领域做出了杰出的贡献，为国家的和平、国防事业的发展、民族的未来抛洒了汗水，得到了人们的认可。她们说起话来，可谓铿锵有力，颇具刚性。

李贞：真正的形象在老百姓的心里

李贞是开国少将之一。有一回，刚吃过早饭的李贞提着公文包准备去参加会议，秘书见她还穿着老旧的衣衫，就劝她说："您也该添置一些新衣服了，像您现在这样的职位，形象可是很重要的，不能不顾及呀！"听了这样的话语，她说道："一个人的形象在于品格和本质，不在于新衣、新鞋，我一直坚持着这样的看法。再说了，我们党一直强调艰苦奋斗，虽说现在条件好了，但我们不能丢掉这一优良的传统和作风，更不能忘本。一定要牢牢地记住，真正的形象在老百姓的心里，不在个人的外表。"秘书听了这番话，不由得大为动容。

"豪华尽出成功后，逸乐安知与祸双。"李贞很直接地拒绝了秘书的建议，坚持保持党的传统作风，更说出了令人信服的理由：真正的形象在老百姓的心里。其话语铿锵有力，彰显出一位共和国将军质朴而高尚的价值观。

聂力：我们应该多干少说

聂力是我国第一位女中将。一家出版集团准备发行一套名为"国际妇女名人录"的图书，计划登载世界范围内在各个领域中杰出妇女们的简历条目，便专门给聂力发了一封信函。接到信函后，秘书建议她："把您的有关情况提供给他们吧！"聂力听后，却摇摇头："还是算了吧，我又不是什么名人，还是不要花时间参与这些事情了。你可能会说，这是多好的宣传自己的机会呀，我也知道这是个机会，但人要是把精力放到这样的事情上，就会分散做主要事情的注意力，这会让我愧对于祖国和人民。历史把我放到现在这样的职位上，不是让我出名的，而是让我踏踏实实为祖国和人民做贡献的。我们应该多干少说，而不是多说少干。"

在聂力眼中，她并非名人，自然也没必要有这样的宣传机会，应该把更多的精力放在做事情上。她义正词严地表示，自己在现在这样的职位上应该做出应有的贡献，且很自然地表明态度：多说少干。《论语》有言："君子耻其言而过其行。"聂力的话语质朴有力，突出重做事、轻言语，让人深受教益。

杨俊生：要达到这一目标，全靠我们自力更生

杨俊生是一位从武警部队中走出来的少将。有一回到某军事院校视察，在跟年轻学生座谈的时候，她说道："我在读书的时候，老师就告诉我，只有掌握尖端科技的民族，才能掌握自己的命运。把这句话扩充一下，就是只有掌握真正属于我们自己的尖端技术，国防才能强大，民族才有底气，才不会受人制约和摆布。要达到这一目标，靠的是什么？全靠我们自力更生，靠你们这些年轻学子前赴后继、

奋力前行。我们的国家底子薄，积累少，老一辈发扬了硬骨头的精神，成功发射了原子弹、氢弹，有了自己的导弹技术，但随着社会的发展变化，技术也在不断更新，年轻人要能顶上去，接替老一辈的班儿，一代一代像波浪一样前行，我们民族的未来才有保证，我们的国家才有希望。"

对于年轻学生，杨俊生从自己读书时老师所说的话入手，表明掌握民族命运要靠掌握尖端科技，并对这句话进行了扩充，进而提出问题"要达到这一目标，靠的是什么？"，很自然地就引出了对年轻学子的希望。"江山代有才人出，各领风骚数百年。"杨俊生立足现实，既有鞭策，又有激励，话语层次分明，逻辑严密，能够带给人以鼓舞和信心。

无论是在战争时代，还是在和平时代，女将军都发挥着重要的作用，她们矫健的身影成为军队里一抹亮丽的色彩。她们的话语传递出军人坚韧不拔和钢铁般的意志，给人以触动，引起敬佩之情。

讨论：

1. 材料中女将军们的言行体现了她们什么样的价值观？
2. 试分析女将军们是通过哪些途径把爱国落到实处的。这对你有何启发？

口才篇

口才艺术的应用

现代人所应具备的基本能力，如宣传能力、组织能力、推广能力、交际能力、自控能力、应变能力、创造能力、表达能力等，都体现了口才的重要性。可以说，口才使人们在社交中如鱼得水、如虎添翼，其功效小至可以帮助个人顺利发展，大至可以为群众、为社会、为国家谋福利。可见，口才是通向成功之路的重要阶梯。这使我们迫切希望提高自己的口才，并把这种能力应用到日常生活中。

1. 了解社交和社交口才的基本原则，提升综合素质，促进全面发展。
2. 提高求职中的口才和服务中的口才，塑造职业形象，提升职业素养。

第一课

社交中的口才

至理名言

成功的第一要素是懂得如何搞好人际关系。

——罗斯福

应知导航

（1）社交的基本原则。
（2）社交口才的基本要求。
（3）社交中的语言技巧。

知识探究

卡耐基说过，一个人的成功，15%是由于他的专业技术，85%要靠他的人际关系和为人处世能力。而良好的人际关系和为人处世能力的养成需要提高口才。良好的口才是一个人在社交场合上立足、制胜的法宝。

一、社交口才的概述

（一）社交口才的含义

所谓社交口才，是指人们在社交活动中表现出来的语言艺术或才能，即善于用准确、贴切、生动的语言表达自己的思想、意愿的能力。

社交口才是一种技能、一种艺术。具有良好社交口才的人在说话时能给人精明、睿智、风趣之感。

社交口才的概述

我国是拥有五千年悠久历史的文明古国。我国的演讲家、雄辩家群星灿烂。盘庚用巧舌说服臣民拥护其迁都；苏秦凭雄辩之才，挂起六国相印；诸葛亮机智善辩，舌战群儒；晏子使楚，名垂青史；解缙巧对，传为美谈。我国近代也曾涌现出一批像闻一多、鲁迅等能言善辩的巨擘。无数事实证明，善于言辞的人大多能在社交场合中游刃有余、事半功倍，并能极大地提升自身的魅力。

随着当今社会的高速发展，信息交流更为广泛。信息靠三种方式传递：语言、文字和图表。语言是最常用、最便捷的传递方式，因此没有良好口才的人是难以适应现代社会发展的。我国对口才也越来越重视，如政府机构的人员录用、公司的人员招聘都将口试作为一项重要的考核内容。许多人认为，良好的表达能力是创造型和开拓型人才必备的能力之一。

（二）社交的基本原则

要想社交成功，我们不仅要有强烈的社交意识，而且要有较强的社交能力。培养社交能力必须从了解社交活动的基本原则开始，否则参加任何社交活动都是徒劳的。

1. 平等、适度原则

这一原则具体表现为不要骄狂，不要我行我素，不要自以为是，不要厚此薄彼，不要傲视一切，不要目中无人，更不能以貌取人或以职业、地位、权势压人，而应平等、谦虚待人。唯有这样，才能结交更多的朋友。

2. 信用原则

信用原则即讲信誉的原则。从古至今，人与人在交往中都把信用看得非常重要。在社交场合，信用主要体现为守时和守约。

3. 真诚、尊重原则

真诚、尊重原则首先表现为对人不说谎，不虚伪，不侮辱人。人都有自尊心，都希望受到尊重，而且对尊重自己的人有一种天然的亲和力、认同感。真诚、尊重原则具体表现为对他人有正确的认识，相信他人，尊重他人。

（三）社交口才的基本要求

社交口才是语言在社交领域里的具体运用。任何形式的社交语言都必须符合社交语言的基本要求。

1. 紧扣主题

社交语言与一般语言不同的一点是，它有明确的表达目的。社交内容涉及面广，方式多种多样，所以使用的语言要有十分明确的目的。

2. 使用得体的话题和用词

社交场合多种多样，千差万别：有庄重的场合，也有轻松的场合；有公开场合，也有秘密场合；有喜庆、欢乐的场合，也有伤心、悲痛的场合。在特定的社交场合中，由于时间、地点、对象不同，使用的话题和词句也应不同。所以，话题和词句使用得体对于社交活动的成功至关重要。

精选案例

在公共汽车上，乘客很多。汽车突然刹车，一位知识分子把身旁一位乘客的脚踩了。他马上道歉："对不起！"乘客不依不饶地说："什么'对不起'，这就算完了？这么大一个人没看见啊？还戴眼镜呢！什么德行！"这位知识分子连忙说："同志，这不是'德行'，这是'惯性'！"一句话把满车的乘客都逗乐了，一场可能发生的争吵也被化解了。

3. 不尚空谈

人们一般都很厌恶那些说假话、大话、空话和套话的人，并认为这些人不仅说的话毫无价值，而且人品不佳。我们的社交语言应发扬司马迁写《史记》时的那种"其文直，其事核，不虚美，不隐恶"的精神，使交谈达到事真、理真、情真的要求，做到言之有物、有理有据。一般来说，在社交中能公开自我、坦陈看法的人更容易与他人建立良好的人际关系。

（四）社交口才的基本原则

社交口才的基本原则是指人们在社交活动中所遵循的语言原则，包括礼貌性原则、应变性原则和忌讳性原则。

1. 礼貌性原则

是否使用礼貌性语言可以反映一个人的思想是高尚还是卑鄙，一个组织的活动是高雅还是粗俗。在社交场合，贯彻礼貌性原则是取得社交成功的重要保证。

精选案例

李老师是一位责任心很强的英语老师，学生们都很喜欢听她的课。但是，李老师每次下课都会布置很多作业。有些学生对此有些意见，要求英语课代表向老师提一下建议。英语课代表来到办公室，看见李老师一人在办公室改作业，便敲了敲门。

"李老师，您好！我可以进来和您谈谈吗？"

"当然可以，进来吧。"

英语课代表微笑着指了指老师桌上堆积的作业本："老师真辛苦，每天除了上课，还要批改这么多作业，一定很累吧？"

"累是累，但只要你们有收获，老师再辛苦也值得。"

"能跟着您这样敬业的老师学英语，真是我们的幸福，同学们可喜欢听您的课了。不过，您如果少布置一些作业，不就可以轻松一点儿了吗？同学们也可以不因作业太多而'开夜车'了。"

"大家觉得英语作业太多了吗？"

"因为我们还要做其他学科的作业，所以我才……"

"我知道了，谢谢你的提醒，我会注意的。"

"谢谢老师！"

2. 应变性原则

社交活动要求人们适应不同的情境，具有较强的应变能力，做出迅速、及时的反应。人们在参加社交活动时，要善于捕捉对自己有利信息，及时调整社会语言，使社会活动顺利进行。

精选案例

林慧出生在内蒙古，大学生毕业后只身来到深圳找工作。她向自己心仪的一家公司发出简历后，不久就接到了这家公司的面试通知。

面试当天，林慧身着职业套裙，将高雅的气质体现得淋漓尽致。招聘人员先对她说："介绍一下你的家乡吧！"林慧亲切而自豪地描绘了家乡的美丽。招聘人员顺势问道："既然你的家乡如此美丽，为什么你还要远离家乡，千里迢迢地来深圳找工作呢？"

林慧微微一笑："深圳四季如春，我天天都可以穿裙子！"

林慧的回答让招聘人员很满意，同时因她出色的面试表现，她顺利得到了这份工作。

3. 忌讳性原则

不同民族有不同的语言，也有不同的忌讳。"入乡随俗，入乡问禁"说的就是我们到一个新的地方后，应先了解和适应那里的风俗习惯，切忌使用可能会伤害到他人感情的语言。

二、拜访与接待

在社交活动中，拜访与接待是两种常见的形式。借助拜访与接待，人们可以达到相互认识、沟通信息、加深感情、增进友谊的目的。

（一）拜访

拜访是指人们到对方的家庭住处或工作单位进行交谈。它是社会交往中必不可少的环节，可以表达出拜访者对被访者的尊重。

1. 进门语

到达被访者的家门口后，拜访者要先轻轻地敲门或短促地按下门铃。即使看到门开着，也应很有礼貌地问一声："请问，×××在家吗？"听到回答后再进入房间，切不可贸然闯入。

2. 寒暄语

寒暄，从字面理解就是"问寒问暖"。在社交活动中，寒暄是双方见面后使用的应酬语言。恰当的寒暄语会为双方进一步的交谈做好铺垫。

通常，我们将寒暄语分为以下四种类型。

（1）问候型寒暄。问候型寒暄是日常生活中一种常见的寒暄语，多由问候语组成。问候型寒暄的内容要根据不同的对象、场合来具体设置，比较复杂，归纳起来主要有以下三种。

① 表现礼貌的问候语，如"您好""早上好""新年好"等。

② 表现思念之情的问候语，如"好久不见，你近来怎么样""多日不见，可把我想坏了"等。

③ 表现对对方关心的问候语，如"最近身体好吗""生意好吗""最近工作进展得还顺利吗"等。

使用问候型寒暄时，交谈者可以根据不同的场合、环境、对象表达不同的问候。例如，从年龄上考虑，对儿童要问"你几岁了""你上几年级了"，对成人要问"工作忙吗"。又如，从职业上考虑，对老师可以问"今天有课吗"，对作家可以问"最近又有大作问世了吧"。

（2）言他型寒暄。言他型寒暄是一种在交谈进入正题之前，先谈谈其他事物的寒暄方式，如说些社会新闻、热门话题、天气情况等。

言他型寒暄常用于初次见面时，因其比较客观，不涉及个人隐私。交谈双方一时难以找到话题时，也可以说"今天天气很冷"之类的话，打破尴尬的场面。

（3）夸赞型寒暄。一个社会成员需要别人的肯定和承认，需要别人的诚意和赞美，因此赞美也成了一种寒暄类型。例如，见到朋友穿了一件新连衣裙时，你可以用赞美的语言说："你穿上这件连衣裙更加漂亮了。"

在使用夸赞型寒暄时，要注意观察对方的精神状态、仪容仪表，而且赞扬要发自内心、切合实际，不要过于夸张。

（4）攀认型寒暄。在人际交往中，只要彼此留意，就不难发现双方会有这样或那样的"亲""友"关系，如同乡、校友、同行等。

攀认型寒暄有利于拉近双方的距离，让双方找到共同的话题。因此，交谈者在交谈过程中要善于寻找契机，发掘双方的共同点，从感情上亲近对方。

3. 晤谈语

晤谈同一般的交谈没有多大区别。但是，在拜访晤谈中应当集中话题，注意交谈时长。

寒暄之后，拜访者应言简意赅地说明来意，以免耽误被访者过多的时间。交谈时间以半小时为宜，切忌东拉西扯、没完没了，否则既可能影响拜访主旨的表达，也有可能出现"言多语失"的情况，影响拜访目的的实现。

此外，拜访者在交谈中还应该留意被访者的举止神情：如果对方谈兴正浓，就可以适当延长交谈时间；当对方有不耐烦或为难的表情时，就应该迅速转移话题，做出结束会见的表示后立即起身告辞。

4. 辞别语

结束拜访后，拜访者要向被访者道辞别语。辞别语的使用主要有以下三种。

（1）同进门语相照应。使用的进门语是"上次托您办事，一定给您添了不少麻烦，今天特意来表示感谢"时，就可以使用这样的辞别语："再见，再次感谢您的帮忙。"使用的进门语是"初次拜访，就让您久等，真是不好意思"时，就可以使用这样的辞别语："今天初次拜访，十分感谢您为我花了这么多时间。"

（2）向被访者表示感谢，请被访者"留步"。拜访者在告辞时，应对被访者的热情款待表示感谢，如"就送到这里，请回吧"。

（3）邀请对方到自己的家庭住所或工作单位做客。邀请对方时应适可而止，不可勉强对方。

（二）接待

古人云："有朋自远方来，不亦乐乎？"为了使交谈更加愉快，被访者接待拜访者时要有热情欢迎的态度和良好的口才。

1. 接待的 8 个原则

（1）接待一般拜访者时，应起身握手迎接；接待领导、年长者、客户时，要起身上前迎候。

（2）不能对拜访者过于冷淡。被访者如果因事暂不能接待拜访者，就要主动说明情况并安排相关人员接待拜访者。

（3）认真倾听拜访者的叙述。拜访者常常是有事而来，因此被访者要尽量让拜访者把话说完，并认真倾听。

（4）对拜访者的意见和观点不要轻率表态，应思考后再作答，对一时不能作答的，要约定一个时间后再联系。

（5）对于能够马上答复的事或立即可办理的事，不应让拜访者等待很久或再次来访。

（6）正在接待拜访者时，若有新的拜访者到来，应视情况主动向新的拜访者说明情况并安排他人接待，尽量不中断正在进行的接待。

（7）对拜访者的无理要求或错误意见，应有礼貌地拒绝，但不要刺激拜访者，使其尴尬。

（8）想结束接待时，可以婉言提出，也可以用身体语言告诉对方本次接待就此结束。

2. 塑造热情的形象

被访者首先应对拜访者的进门语做礼貌、热情的应答，如"我也想在家里同你聊聊，快请进！"

被访者可以根据环境、条件、接待目的及双方关系等选择和调整接待语。

3. 谈话要因人而异

被访者应尽快弄清拜访者的真正意图，以便迅速确定话题，顺应拜访者的心愿，给拜访者愉快的感受。

小贴士

接待的注意事项

（1）正确地使用接待敬语。

（2）热情不失礼节，婉转不失身份。

（3）依据情境，恰当地使用接待礼仪。

由于拜访者在年龄、性别、教育背景、职业及拜访目的等方面各有不同，所以被访者应具备与不同拜访者有效交谈的本领。

要做到有效交谈，除了要根据拜访者的具体情况调整语速、音量外，还应注意调整用语。被访者的遣词用句要依拜访者的教育背景和理解程度而定：与小朋友交谈要用形象的语言；与教育背景一般的人交谈要用通俗易懂的语言；与教育背景较高的人交谈可以增加语言的专业性和文采。

精选案例

一个秀才要买柴，见一人挑柴在卖，便呼道："荷薪者过来！"卖柴的人听懂了"过来"二字，便来到秀才面前。秀才问："其价几何？"卖柴的人听懂了"价"字，估计秀才是在问价格，便说了出来。秀才说："外实而内虚，烟多而焰少，请损之。"卖柴的人不知他说的是什么意思，便把柴挑走了。

三、介绍与交谈

介绍与交谈在社交活动中占有重要的地位。如果说介绍为一次社交活动打开了大门，那么交谈就是社交活动通向成功的桥梁。

（一）介绍

介绍是指在社交场合中把某人介绍、引荐给他人的口语活动，也泛指对人和事物的介绍。

介绍能使人与人之间相识、交流。善于介绍，一方面可以展示自己在社交场合中的活动能力，另一方面可以展示自己丰富的社会阅历，提高自己在人们心中的威信和影响力。

1. 自我介绍

在社交场合，自我介绍是必不可少的。

（1）自我介绍的内容。自我介绍的内容包括三项基本要素：姓名、供职的单位及具体部门、担任的职务和所从事的具体工作。自我介绍这三项基本要素应一起报出，这样既有助于让人对自己产生完整的印象，又可以节省时间。自我介绍的其他内容要视具体情况而定。

（2）自我介绍的形式。自我介绍的形式有以下五种。

① 应酬式：适用于某些公共场合和一般性的社交场合。这种自我介绍最为简洁，往往只需要介绍姓名。

例如："你好，我叫××""你好，我是××"。

② 工作式：适用于工作场合，包括姓名、供职的单位及具体部门、担任的职务和所从事的具体工作等。

例如："你好，我叫××，是××公司的销售经理""我叫××，在××学校读书"。

③ 交流式：适用于在社交场合，希望与交往对象进行进一步交流与沟通的情况。它大体应包括姓名、工作、籍贯、学历、兴趣及与交往对象有关的某些熟人关系。

例如："你好，我叫××，在××工作。我是××的同学，都是××人。"

④ 礼仪式：适用于讲座、报告、演出、庆典、仪式等一些正规而隆重的场合，包括姓名、供职的单位、担任的职务，以及一些适当的谦辞、敬辞。

例如："各位来宾，大家好！我叫××，是××学校的学生。我代表学校全体学生欢迎大家光临我校，希望大家……"

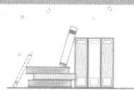

⑤ 问答式：适用于应试、应聘和公务交往等情况。问答式的自我介绍应该是有问必答，被问什么就答什么。

（3）自我介绍的时机。把握自我介绍的时机非常重要。在以下场合有必要进行适当的自我介绍：考试求学时；应聘求职时；在社交场合，与不相识者相处时；在社交场合，有不相识者表现出对自己感兴趣时；在社交场合，有不相识者要求自己做自我介绍时；在公共聚会上，与身边的陌生人组成社交圈时；在公共聚会上，打算介入陌生人组成的社交圈时；交往对象因健忘而记不清自己，或担心这种情况可能出现时；有求于人，而对方对自己不甚了解或一无所知时；拜访熟人遇到不相识者阻拦，或因对方不在而需要请不相识者代为转告时；前往陌生单位进行业务联系时；在出差、旅行途中，与他人不期而遇，并且有必要与之临时接触时；因业务需要，在公共场合进行业务推广时；初次利用大众传媒向社会公众进行自我推荐、自我宣传时；等等。

2. 介绍他人

在人际交往中，经常需要在他人之间架起人际关系的桥梁。介绍他人是一种为彼此不相识的双方介绍彼此的方式。介绍他人通常是双向的，即需对被介绍者双方均做一番介绍。

小贴士

介绍他人的注意事项

（1）介绍者为被介绍者做介绍之前，要先征求被介绍者双方的意见。

（2）被介绍者在介绍者询问自己是否有意向认识某人时，一般应欣然表示接受。如果实在不愿意，被介绍者应向介绍者说明缘由，取得谅解。

（3）当介绍者进行介绍时，被介绍者双方均应起身站立，面带微笑，大大方方地目视介绍者或者对方。

（4）介绍者介绍完毕，被介绍者双方应依照礼仪握手，并且使用"您好""很高兴认识您""久仰大名""幸会"等语句问候对方。

（5）被介绍者不要拿腔拿调或心不在焉，也不要低三下四或阿谀奉承。

（1）介绍他人的时机。遇到以下情况时，有必要对他人进行介绍。

① 与家人外出，路遇家人不认识的同事或朋友。

② 本人的接待对象遇到其不认识的人，而对方又跟自己打了招呼。

③ 在家中或办公地点接待彼此不认识的拜访者。

④ 打算推荐某人加入某一方面的社交圈。

⑤ 受到为他人做介绍的邀请。

⑥ 陪同领导、年长者、客人时，遇见了其不认识的人，而对方又跟自己打了招呼。

⑦ 与亲友一起拜访亲友不认识的人。

（2）介绍他人的顺序。在为他人做介绍时，先介绍谁后介绍谁是一个比较敏感的问题。根据规则，为他人做介绍时的礼仪顺序大致有以下七种。

① 介绍领导与员工认识时，应先介绍员工，后介绍领导。

② 介绍长辈与晚辈认识时，应先介绍晚辈，后介绍长辈。

③ 介绍年长者与年幼者认识时，应先介绍年幼者，后介绍年长者。

④ 介绍女士与男士认识时，应先介绍男士，后介绍女士。

⑤ 介绍同事、朋友与家人认识时，应先介绍家人，后介绍同事、朋友。

⑥ 介绍客人与主人认识时，应先介绍主人，后介绍客人。

⑦ 介绍与会先到者与后来者认识时，应先介绍后来者，后介绍先到者。

（3）介绍他人的方式。实际需要不同，为他人做介绍时的方式也应不同。介绍他人的方式一般分为以下五种方式。

① 一般式（标准式）：以介绍双方的姓名、单位、职务等为主，适用于正式场合。

例如："请允许我来为两位介绍一下。这位是××公司营销部主任××女士，这位是××集团副总××女士。"

② 简单式：只介绍双方的姓名，甚至只提到双方的姓氏，适用于一般的社交场合。

例如："我来为大家介绍一下，这位是×总，这位是×董事长。希望大家合作愉快。"

③ 附加式（强调式）：介绍者应强调其中一位被介绍者与自己的关系，以期引起另一位被介绍者的重视。

例如："大家好！这位是××公司的业务主管×先生，也是犬子，请各位多多关照。"

④ 引见式：将被介绍的双方引到一起见面即可，适用于普通场合。

例如："两位认识一下吧。大家都曾在一个公司共事，只是不在一个部门。接下来的，请两位自己说吧"。

⑤ 推荐式：介绍者经过精心准备将一人举荐给另一人，介绍时通常会对前者的优点加以重点介绍，适用于比较正式的场合。

例如："这位是××先生，这位是××公司的×董事长。××先生是经济博士、管理学专家。×董事长，我想您一定有兴趣和他聊聊"。

（二）交谈

交谈是两人或两人以上，为实现交流思想、沟通感情、互通信息、协调行为等目的采用的口头表述活动。它是人际交往中一种十分直接、广泛、简便的言语交往形式。

交谈

1. 交谈的技巧

我们虽然每天都在交谈，但想在人际交往中达到理想的沟通效果，必须

掌握一定的交谈技巧。

（1）学会愉快地闲聊。一位心理学家说过："与人交谈时，若能做到思想放松、随随便便、没有顾虑、想到什么就说什么，谈话就能进行得相当热烈，气氛就会显得相当活跃。"所以，交谈的开始往往不在于交谈内容，而在于交谈这个活动本身的意义。我们不妨抱着"谈得不好也不要紧"的态度，按自己的实际水平去谈。只要敢于开口谈，就有可能说出有趣、机智的话语来。

（2）积极应和对方。只有积极应和对方，才能使谈话气氛轻松、愉快。谈话时若能谈谈与对方相同的意见，自然就容易得到对方对自己的好感。谁都会把赞同自己意见的人看作一个可提高自身价值的人，进而表示接纳和亲近。

（3）善于倾听。理想的人际关系是建立在相互交流思想的基础上的。在表达自己的意思之前，先听听对方的话是很重要的。一个人越有修养，在听别人讲话时就越认真。倾听对方讲话时有以下注意事项。

① 眼睛要注视对方的鼻尖或额头位置，不要一直盯着对方的眼睛，否则会让人不舒服。

② 不时地点头表示赞成对方。

③ 为了表示确实在听而不时发问，如"后来呢？"。

④ 不轻易打断对方，不随便改变话题。

（4）学会表示感谢。在人际交往中，若受到了他人的帮助，即使是一件微不足道的小事，也不要忘记说声"谢谢"。表示感谢时应注意以下六个方面。

① 真心诚意、充满感情、郑重其事，而不是随随便便地表示感谢。

② 不扭扭捏捏，而是大大方方、口齿清楚地表示感谢。

③ 不笼统地向大家一并表示感谢，而是向每个人表示感谢。

④ 表示感谢时，应真诚地看着对方。

⑤ 留心他人的善举并及时表示感谢。

⑥ 在对方并未有所期待时表示感谢，效果会更好。

2. 交谈的方式

成功的交谈，不仅需要讲究内容，而且需要注意形式。交谈方式可以有以下四种。

（1）倾泻式。它以对对方抱有最大的信任为基础，将自己的喜、怒、哀、乐统统告诉对方，让其给予一定的帮助。

（2）评判式。这需要抓住对方谈话时的间隙，恰如其分地插话，以表明自己的看法或表示自己的关切，这有益于促进思想感情的交流。

（3）启发式。启发式适用于与拙于辞令的人交谈的情况，要对其循循善诱，从多个方面进行启发，让其吐露心声。

（4）跳跃式。日常交谈大部分是聊天性质的，没有固定的话题，这就要求谈话者适当转换话题，找出那些大家都感兴趣的话题。

四、赞美与批评

（一）赞美

赞美别人，仿佛是用一支火把照亮他人和自己的心田。赞美是指在人际交往中，一方给予另一方称赞，侧重于对另一方的某一方面价值的肯定。在人际交往中，适时地给对方真诚的赞扬和夸奖，会使对方主动与自己亲近。

赞美是一件好事，但绝不是一件易事。赞美他人需要掌握一定的技巧。

1. 发自内心地赞美

赞美他人必须真诚。如果赞美者的赞美不是出于真心，对方就会怀疑赞美者的意图。

2. 赞美越具体，效果越好

赞美的内容越具体、明确，赞美的有效性就越高。

含糊其词的赞美会引起一些误会。空泛、含混的赞美因为没有明确的内容，常使对方觉得不可接受，并怀疑赞美者的辨别力和鉴赏力。具体的赞美是有所指的，会让对方觉得真诚、可信。

3. 不要为了赞美而赞美

无意为之的赞美更能打动人。它不是有意说给被赞美者听的赞美，往往被认为是出于内心、不带不良意图的赞美。无意为之的赞美，虽然出自无心，但可以收到很好的效果。千万不要为了赞美而赞美，否则易让人厌恶。

例如，赞美者把"你真美"说给彼此都很熟悉的女士，会让对方感谢自己；说给路人，就会吓到路人。

4. 看准赞美的时机

赞美他人也需要见机行事、适可而止，真正做到"美酒饮教微醉后，好花看到半开时"。

当他人计划做一件有意义的事时，赞美能激励他人下定决心做出成绩；当他人已经实施计划时，赞美能让对方再接再厉；取得成就时得到的赞美能让他人明确进一步努力的方向。

5. 把握赞美的频率

事实证明，在特定的时间内，一个人赞美他人的次数，尤其是赞美同一个人的次数越多，其效果就会越弱。可见，需要赞美他人，但要把握好赞美他人的频率。太频繁地赞美他人，会让他人产生厌倦，甚至还会让他人认为赞美者是一个献媚者。在这种情况下，再赞美他人，反而会增加他人对赞美者的警惕和反感。

（二）批评

批评专指对他人的缺点和错误提出意见的语言行为。"忠言逆耳利于行"总被用来告诫人们要虚心接受批评，不应计较他人批评自己的方式。然而，批评即使是出于好意，也应该讲究方法和分寸。批评时用词不同、方式不同，产生的效果也会大不一样。方法得当的批评既可以达到纠正他人缺点和错误的预期目的，又可以增进双方的感情。

1. 批评的原则

（1）批评必须是出于关心与责任。批评的目的是指出他人的缺点和错误，找出其薄弱环节，使其今后能够扬长避短。批评是对他人负责的表现，不是"找麻烦"，不应该带着个人情绪进行。

（2）批评必须是善意的。批评如果不是善意的，就只能成为制造交谈双方冲突的导火索。例如，领导长期对某个员工的工作存在不满，久而久之就会对这名员工产生成见，如果这种个人成见在批评时暴露出来，就会让员工怀疑领导批评的动机。

（3）对事不对人。批评内容应当与对方的行为紧密联系在一起，而不是与对方的人品紧密联系在一起。批评者要时刻记住，批评的对象是违规的行为，而不是违规的人。"知错能改，善莫大焉。"被批评者接受批评后，批评者还要帮助其纠正缺点和错误。

2. 批评的技巧

（1）主题明确。没有人愿意接受不明不白的批评，所以批评者要让被批评者明白自己是因什么事情而受到批评。批评者一定要先把原因调查清楚，得到当事人的确认后再进行批评，以免误伤他人。

（2）事实具体。批评者应对事件的过程进行认真调查，让被批评者将事情的经过仔细地复述一遍，并让他谈谈个人看法。这样既能给被批评者说话的机会，又能让其冷静思考自己的行为是否有不当之处，从主观上改变认识，从而达到批评的目的。

（3）公正客观。当事件涉及几个人时，批评者应对相关人员都进行相应的批评，不能只批评其中的一个。批评有失公正，就会引起被批评者的强烈不满。

（4）先扬后抑。卡耐基曾说，当人们听到他人对自己的某些长处表示赞赏后，再听他人对自己的批评，人们的心里往往就会好受得多。所以，批评宜先扬后抑。

精选案例

一位领导批评秘书时是这样说的："你今天穿的这件衣服真漂亮，你是一个迷人的女孩。"

秘书很高兴地回答："谢谢领导的夸奖！"

领导又说："我说的是真话！不过，我希望你以后对标点符号稍加注意，让你写的文件跟你的衣服一样漂亮。"

秘书欣然接受了领导的批评，迅速改正了文件中的错误。

五、劝慰与道歉

当他人遇到麻烦时，我们理应伸出援助之手，为其排忧解难，给予其恰当的劝慰。我们做错了事情，就应及时承认错误，及时道歉。

（一）劝慰

劝慰就是在他人遇到不幸或感到内心痛苦时，以一定的语言表达方式使其在一定程度上脱离痛苦。

1. 劝慰的基本要求

劝慰他人的前提是富有同情心。只有富有同情心，才能帮助他人从苦闷中解脱出来。然而，光有同情心是不够的，劝慰还需要满足一些基本要求。

（1）要同情，不要怜悯。真挚的同情是站在完全平等的地位上交流思想感情，给对方某种精神支持以消除其心理上的压抑和孤独。相比之下，怜悯不是平等的思想感情的交流，而是强者给予弱者的感情施舍。怜悯只能刺伤对方的自尊心，引起他们的反感。

（2）要鼓励，不要埋怨。遭遇不幸的人由于一时无法振作，常会表现出消极悲观的情绪，劝慰者应通过积极的鼓励给予对方信心和勇气，让对方看到光明的前景。一味的埋怨只会继续增加对方的压力。

（3）要安抚，不要斥责。一个人遇到挫折时，需要他人真诚的安抚。此时，劝慰者要帮助对方厘清思绪，找到解决问题的方法。夸夸其谈地讲大道理，用一副说教的口吻斥责对方，只能引起对方的不安和反感。

2. 劝慰的技巧

（1）认真聆听。认真聆听不是保持沉默，而是用眼、耳和心去了解对方、理解对方，同时不急于立刻知道事情的前因后果。劝慰者必须把自己的"内在对话"暂抛一边。所谓的"内在对话"，是指在聆听中，劝慰者脑海中不自觉进行的对话，包括如何响应对方的话、盘算接下来的话题等。

（2）克制冲动。劝慰者必须提醒自己，放慢不自觉产生的下意识反应。例如，劝慰者想快速消除对方的不安，便直接跳到采取行动的阶段——说些自认为对对方有利的话或做些自认为对对方有利的事。劝慰的艺术，在于"在适当的时机，说适当的话"，以及"不在一时冲动下，说不该说的话"。

（3）当朋友不当英雄。帮助他人渡过难关，并不等同于立即将他人从难关中拯救出来。劝慰者应该认同他人的痛苦，让他人去感觉痛苦，从而自觉自愿地寻找出路。

（4）不把意志强加于人。劝慰他人并不是告诉他人"你应该……"或"你不应该……"。每个人都有独立人格和自由意志。劝慰他人应给予他人一定的空间去做自己并认同自己。

（5）提供有效建议。劝慰者不需要帮助他人找到所有问题的答案，但可以尽力提供可用资源来帮助他人找到答案：为其联系愿意提供帮助的人；找相关图书让其阅读；提供一个舒适的空间，让其能够平静地寻找自己的答案。

（二）道歉

一个人在一生中不做错事是不可能的，重要的是能及时承认、及时道歉。

1. 道歉的基本原则

（1）用语规范。道歉应遵守一定的语言规范。在一般场合，可以讲"对不起""很抱歉""失礼了"；愧对他人时，宜说"深感歉疚""非常惭愧"；渴望原谅时，应说"多多包涵""请您原谅"；给他人带来不便时，可以说"打扰了""麻烦了"。

（2）及时。道歉要及时，不宜拖。拖得越久，越会使矛盾扩大，越容易使人误解。道歉及时，还有助于当事人及时采取措施，挽回损失。

（3）大方得体。道歉绝非耻辱，应大大方方、堂堂正正，不要遮遮掩掩。道歉者不要过分贬低自己，也不要说一些与错事无关的话。

2. 道歉的技巧

（1）先道歉后解释。有错就应当先认错，以诚恳的态度取得对方的谅解。千万不要为自己的错误做过多的辩解。如果确实有必要进行解释，应在道歉之后进行。例如，"真对不起，我来迟了，非常抱歉！汽车在半路抛锚了。"

（2）客观陈述原因。真诚道歉能使对方的怒气平息下来。此时，道歉者再向对方说明自己出现失误的原因，并给出补救方案，较容易得到对方的谅解。

（3）请中间人转达歉意。若对方对自己有较深的成见，不宜当面道歉时，道歉者可以请中间人转达歉意，等对方怒气平息后，再当面赔礼道歉，做进一步沟通。

六、主持人口才

主持人就是负责节目的编排、组织、解说，以及对节目实施过程加以积极协调和有效推进的人。主持人是传播者和受传播者之间的桥梁，其根本任务是通过发挥自身的传播作用，有效地传达节目内容。

主持的技巧主要包含以下三个方面。

1. 善于开场

开场对于主持人而言十分重要。精彩巧妙的开场白可以成功地确定节目的基调、营造气氛、表明主旨、沟通感情，使听众情绪高涨。

主持人口才

精选案例

孙老师在上课伊始就和学生说："同学们，我国古代教育家孔子说'三人行，必有我师焉'。在今天这节课上，我希望你们能勇于做我的老师。你们答不答应？答应的请举手！"课堂气氛一下活跃了起来，学生个个举起了手。

见状，孙老师话锋一转，说："想做孙老师的老师可不容易呀！"学生们面面相觑，不知道孙老师的葫芦里卖的什么药，便陆续把手放了下去。

孙老师说："我的年龄比你们大，知识积累和生活经验也比你们丰富，所以你们要想想怎么做我的老师。"

一个学生老老实实地答道："上课必须认真听孙老师讲课。"

"这样说来，你还是不能做我的老师呀！"

这时另一个学生出其不意地回答："我们在这节课上一定专心听讲，如果能指出您讲课的错误，提出您不能解答的问题，那我们就是您的老师了。"

孙老师及时表扬道："这位同学说得很好，只要你们在这节课能提出我不能解答的问题，你们就是我的老师了。"

2．巧于连接

主持一场活动或节目，一般少不了用一些语言将活动中的环节联系起来，使整场活动形成一个整体。

3．灵于应变

主持中若出现意外，就需要主持人沉着应对，灵活处理。主持人的应变能力对整场活动具有举足轻重的作用。主持人处理意外的技巧有以下三种。

（1）将错就错。这个"错"的发生有两种可能，一种是发生在主持人的身上，另一种是发生在主持人以外的人身上。无论遇到哪一种情况，主持人都可以将错就错。

精选案例

某电视台主持人在主持庆祝狮子楼京剧团成立文艺晚会时，把南新燕先生误说成了"南新燕女士"。当南新燕先生走上舞台时，台下嘘声一片。急中生智的主持人赶忙说道："对不起，我这是望文生义了。不过，南先生的名字实在是太有诗意了。一见到'南新燕'三个字，我立刻就想起两句古诗——'旧时王谢堂前燕，飞入寻常百姓家。'这新燕南飞是一幅多么美丽的画面！而且我觉得，今天我们这里也出现了类似的情景——京剧跨过琼州海峡，'飞'到海南，并在这里安家落户！"

注：该主持人的这段话犹如迎面掠过的一丝和煦春风，犹如眼前流过的一条跳动的小溪，给观众带来的是一种美的享受与启迪，令人拍案叫绝。

（2）戏谑自嘲。它与将错就错有异曲同工之妙。例如，主持人在舞台上穿着礼服时，难免会有不便之感，甚至会出现尴尬场面，主持人可以通过戏谑自嘲化解尴尬。

（3）填补空白。无论是电视台主持人还是会场主持人，主持活动时都不能出现冷场的情况，因为冷场带来的现场气氛压力能导致任何好节目、好晚会走向失败。这就需要主持人有现场发挥、填补空白的能力，有丰富的生活积累，有较宽的知识面和一定的文化功底，还要有驾驭语言的能力和现场应变的能力。

知识拓展

如何练习对话

练习对话是提高口才的一项基本功。练习对话时，练习者可以思考和关注以下问题："我将如何引入主题？""我打算说些什么？""如何将自己巧妙地介绍给他人？""我说话的对象是谁？""对方的想法是什么及感受如何？"。

想练好对话，就一定要注视听众，尽可能持久地吸引听众的注意力。对话应重点突出，围绕中心，不要随意转移话题。说到重点时，练习者可以减慢说话速度或提高音量以吸引听众的注意力。不要使用模棱两可的字句，避免使用攻击性言辞。

以下为对话的主要训练方式。

1. 静听式

静听能获得对方的好感，得到更多的信息。静听时，要随着对方的情绪，或点头，或微笑，或做一个手势，或显示出一种有明显意思的面部表情，使对方在简单的示意中得到一种安慰和力量。

2. 交流式

抓住对方说话的重点，恰如其分地说明自己的看法，有利于促进思想感情的交流。但练习者要适时、适度地与对方交流，切忌粗暴地打断对方或妄加评论。

3. 启发式

对于那些拙于领会的人，练习者要循循善诱，从多个方面进行启发，让其吐露心声并通过交谈获得新的认识。启发时，遣词造句要妥帖、婉转，或抛砖引玉，或启发引导，切忌简单生硬。

4. 跳跃式

交谈双方闲聊时要善于转换话题，即通过不断的跳跃转入要谈的话题。转换话题时的态度要温和，让对方感到自然。

5. 间歇式

谈话时间一长，双方的体力就会下降，精神也会懈怠，这时可休息一下，听听音乐、散散步以恢复体力和精神。

6. 扩展式

练习者若认为自己的想法还不太成熟，就需要特别虚心地倾听、求教，并通过理性思考确立自己的观点，与对方达成共识。

学以致用

（1）拜访与接待要注意哪些问题？

（2）介绍者应该按照怎样的顺序介绍他人？

（3）劝慰有哪些基本要求和技巧？

（4）怎样才能当好主持人？

第二课

求职中的口才

至理名言

你的信心可以获得听众的信任，同时，你的信心也可以获得听众的信心。

——摩根

应知导航

（1）求职面试的语言要求。

（2）求职面试中的应答技巧。

知识探究

不少求职者之所以在求职面试中屡试屡败，是因为没有掌握求职面试的策略和技巧。在求职面试前，我们必须对求职面试中的口才进行全面了解，包括求职面试的语言要求、求职应答的常见问题和面试时的应答技巧。

一、求职面试的语言要求

面试以谈话为主，时间不会很长。求职者与面试人员素不相识，要在短暂的时间内让面试人员认识并认可自己，就要依靠表达技巧。

小贴士

求职面试的语言要求可以分为两个层次：一是声音清楚、表意准确、通俗易懂；二是清晰流畅、抑扬顿挫、优雅动听。面试时的声音大小要适中，语速要不快不慢。语速太快会使人听不清楚，语速太慢不易让人集中注意力。

求职者在面试中应着重把握以下三项语言要求。

（一）语言客观，不宜过分营销

虽然求职面试的过程相当于向面试人员推销自己的过程，但保持语言的客观性还是求职者必须遵守的一项求职面试准则。语言客观是奠定良好形象的基石，否则会给对方留下不可信任、哗众取宠的印象。

（二）回答问题要坦诚直率

坦诚直率展现出的真实与可信能使求职者获得更大的录用机会。

如果在求职面试中遇到与失败经历相关的问题，求职者在回答时应尽力展示自己在失败中得到的收获。一位在大学一年级时曾因考试不及格而险遭退学的求职者这样告诉面试人员："我很快就振作了起来，我用的是一种武器——顽强拼搏。要战胜困难，非顽强拼搏不可啊！后来，我的成绩一直是'优'。"结果，他得到了他想要的工作。既有情理又有气度的话语，能够得到他人的欣赏和赞同。

（三）从容应对刁钻难题

在求职面试中，针对一些刁钻难题，默不作声、不回答是下策；牵强附会、生拉硬拽更为拙劣；只有实事求是、急中生智地延伸话题才是上策。

二、求职应答的常见问题

求职前，求职者如果能对面试人员可能提出的问题有所准备，就能沉着应答。以下问题仅供参考。

常见问题1："谈谈你自己。"

面试人员想知道的是求职者是否适合所求职位，而不是求职者的家庭背景或成长过程。理想的回答是简述大学的学习情形与以前的工作经验，并介绍几项与所求职位有关的工作技能和成就。

常见问题2："你最大的优点是什么？"

面试人员想知道求职者的优点，并希望求职者借此分析一下自己的个性。回答时，求职者应围绕所求职位需要的技能作答。

常见问题3："什么是你能提供给我们而别人不能提供的？"

在不清楚其他求职者的情况时，求职者可以就自己的长处加以发挥。如果求职者的确有特殊的才能或经历，这是告知面试人员的良机。

常见问题4："你最大的缺点是什么？"

求职者可以诚实地说出一个缺点，但必须与所求职位要求的才能无关，也可以用别人眼中自己的缺点作答，并给出解释。

常见问题5："你的事业目标是什么？"

面试人员想知道求职者的事业目标是否与公司的发展需要相合，以及求职者是否仔细考虑、计划过未来。求职者应根据这个公司所能提供的职位来作答，并谈谈自己希望得到哪些工作经验与技能。

常见问题 6："你心目中的完美工作是什么样子？"

求职者不要把梦想中的工作条件都说出来，可以选所应聘公司可能提供的条件来回答，但尽量不要太明确。这个公司如果无法满足求职者提出的条件，就可能会对录用求职者持保留态度。

常见问题 7："在工作中，什么对你来说最重要？"

求职者可说出 1～2 项自己看中的工作条件，并加以说明，如工作的挑战性、良好的工作环境等。求职者如果认为待遇最重要，记得再说出 1～2 项其他因素，避免过分突出待遇要求。

常见问题 8："你为什么要更改事业方向？"

面试人员可能会觉得跨专业找工作或转行是一项不利的因素，求职者会缺乏与工作相关的素养。最佳的回答方式是找出两种不同工作的共同之处。例如，师范专业的学生应聘营销岗位时就可说两者都必须深入浅出，对外介绍一些专业知识与概念。求职者要设法让面试人员了解自己过去的工作经验或学习经验，这有助于自己胜任所求职位。

常见问题 9："你为什么选择这一行？"

面试人员想知道求职者对所求行业了解多少。求职者不妨简述自己所了解的行业苦乐，以乐观、充满信心的话语进行阐述。

常见问题 10："你希望 5 年后做什么？"

求职者的回答应切合实际。如果面试人员就是自己未来的主管，求职者可以回答希望跟随其学习更多的工作技能或获得更高的职位。

常见问题 11："你为什么想来我们公司工作？"

这个问题如果在面试一开始就被提出，求职者可以借此表现自己对这个公司的了解；如果是在已经讨论过公司与工作情形后被提出，求职者可就自己的了解加上谈话中提过的公司优点作答。

常见问题 12："你为何放弃以前的职位？"

最佳的答案是寻求更好的待遇、寻求更多的责任托付、寻求更大的挑战和寻求更令人满意的工作。尽量避免的答案是与领导不和、不愿迁调、不愿加班。

常见问题 13："你离职的原因是什么？"

求职者如果是主动辞职，就可以根据事实做出解释，最好能让面试人员觉得自己也会做出相同的选择；如果是被辞退的，也不要评价或抱怨以前的领导，找一个跟自己的个性或能力无关且无碍新工作的理由即可。

常见问题 14："你多久以后可以为公司做出贡献？"

这个问题是考验求职者的自信心，所以求职者的回答应切合实际并充满信心。例如，求职者可以指出所求职位与过往经历的共同之处，证明自己有信心在不久的将来即能有所贡献。

常见问题 15："你会为我们工作多久？"

求职者应该表达出久留的意愿，并给出令人信服的原因。求职者如果过去经常更换工作，就应强调对工作稳定性的渴望。

常见问题 16："你在校时最喜欢和最讨厌的学科是什么？"

面试人员想问出求职者的兴趣，也想借机了解求职者不喜欢哪类工作。求职者在回答时应同时提供喜欢与讨厌的理由，试着让自己的答案支持自己能胜任所求职位的假设。

常见问题 17："你能承受压力吗？"

求职者不需要强调自己喜欢压力，但要提供例子说明自己能承受工作压力。

常见问题 18："你过去的工作成就有什么？"

求职者应选择与所求职位相关的成就作答。这是推销自己的好机会，求职者应好好把握。

常见问题 19："你希望的待遇是多少？"

为了避免所提出的待遇与对方想提供的待遇相差太多，求职者可反问："贵公司过去给这个职位的工作人员提供的待遇是多少？"如果面试人员提出的待遇偏低，求职者可以试着把它提高一些，并不卑不亢地与对方协商。面试前，求职者最好收集一些资料，以准确了解行业平均待遇。

常见问题 20："你有什么问题想问吗？"

面谈结束前，面试人员通常会问这个问题。求职者应问一些可以表露自己对这份工作有兴趣的问题，如对方认为什么样的人可以胜任这份工作。求职者也可以问何时会收到录用通知等与面谈结果有关的问题。此时，求职者切忌提出有关待遇的问题。

三、面试时的应答技巧

高超的应答技巧能帮助求职者提高面试成绩。

1. 有问必答

不管遇到什么问题，都要做出回答，这是基本原则。面试人员的问题有时虽然刁钻，但可能是在测试求职者的应变技巧、反应能力。如果拒绝回答，或说"这个问题很难回答……"，求职者就可能会失去一次锻炼自己的机会。

2. 坦率不掩饰

对于一些专业性很强的问题，求职者如果不懂就应坦率承认，否则会给面试人员留下不懂装懂的印象。

3. 使用"外交辞令"

求职者应根据问题灵活回答。例如，面对"你被录用后，会制订什么样的工作计划？"的问题，求职者如果有丰富的相关工作经验且有清晰的思路，就可以具体作答；否则就可以回答："我入职后，才能根据实际情况制订相应的工作计划。"这样就可以给面试人员留下不空谈、比较注重实际的印象。

4. 侧面回答

有些问题如果正面回答就等于在否定自己，因此求职者要设法将可能否定自己的话转化成肯定自己的话。例如，面试人员问求职者是否曾在食品厂工作时，只在酒厂工作过的求职者就可以回答："我没有在食品厂工作过，但我在酒厂工作多年，我认为酒厂与食品厂在某些工艺上有相似之处，像……"这就是变否定为肯定的回答。

5. 反问面试人员

有些问题实在无法回答时，求职者不妨反问面试人员。这有可能会起到意想不到的效果。

6. "大题小做"

面试人员有时会问一些"很大"的问题，如"说说你自己"。对此，求职者必须"小"做，不要没选择、没目的地回答。一般来说，"大题小做"的技巧是，求职者围绕自己所求的职位来组织答案。以"说说你自己"为例，求职者重在回答与所求职位相关的知识、技能、经验等。面试人员如果有兴趣再了解求职者的其他情况，就会继续提问。如果这些"很大"的题目出现在面试伊始，就说明面试人员是让求职者先打开话匣子，以便根据求职者的回答提问。因此，求职者必须有意识地把回答内容限制在自己的能力、性格、优点、学识、经验等方面。

知识拓展

如何在面试中脱颖而出

要想在面试中脱颖而出，求职者应遵守以下原则。

1. 化被动为主动的原则

从形式上看，面试是用人单位对求职者进行的挑选：面试人员出题、提问，主导面试的进程和结果，求职者处于被召唤、被支配、被挑选的地位，似乎没有多少主动权可言。其实，求职者如果换一个角度看问题，把面试当成推销自己、展示才华的过程和机会，把面试现场当成展现自己的舞台，就可以在一定程度上获得面试的主动权，其主观能动性就会得到充分发挥，展现出很大的预见性、主动性和创造性。例如，求职者如果事先以积极的心态有目的地做好面试准备工作，包括了解和研究用人单位的需求状况、专业特点等，就会在面试过程中表现出精神饱满、对答如流的状态，实现正常甚至超常发挥，从而把自己的优势与用人单位的需求有效地对接起来，赢得面试人员的好感，最终成为面试的优胜者。

2. 外在形象与内在素质并重的原则

一般来说，外在形象能折射出一个人的内在素质、气质和修养等。良好的第一印象有助于求职者得到面试人员的关注，甚至偏爱。因此，应试者应坚持外在形象与内在素质并重的原则，在着力表现内在素质的同时，关注自己的衣着、行为举止和态度神情，以向面试人员展示自己良好的修养和形象，做到自信而不自傲、自然而不放肆、展示而不卖弄、重礼节而不拘谨卑微。

3．心理与才学互动的原则

一般来说，求职者走进面试现场面对面试人员时，心理压力会大大增加。求职者如果不善于进行心理调节，就会出现心理失控，影响能力的正常发挥。有的求职者很有才学，但心理素质太弱，一走进面试现场就变得十分紧张，乱了阵脚。

实际上，心理与才学是一种互动关系。求职者应做到以才学稳定心理、以心理支撑才学，使两者相辅相成，相得益彰。为此，求职者在面试前既要注意才学准备，又要注意心理训练。进入面试现场后，求职者应利用前3分钟进行积极的心理调节，稳定情绪，引导自己进入最佳的状态。

4．真诚与口才相统一的原则

面试前，求职者要精心地设计语言表达和试讲。例如：哪些内容宜直白回答，哪些内容宜婉转回答；先说什么，后说什么；追求哪一种表达风格；等等。面试口才的最高境界是表达真诚、谈吐得体。面试时一定要说实话，让人信服。真诚的东西才是最有魅力的。关于面试，口才只是一种手段，绝不是目的。求职者应善于把个人的真实思想感情通过卓越的口才表达出来，说得有力度、有重点、有逻辑性，思路清晰，动情感人。求职者如果夸夸其谈，华而不实，一味地卖弄口才，就只会弄巧成拙。

学以致用

（1）求职面试前应做哪些准备？

（2）求职面试的语言要求是什么？

（3）面试时的应答技巧包括哪些内容？

第三课

服务中的口才

至理名言

有些人话说得好些，有些人话说得差些，话说得好就会如实地达意，使听者感到舒适，发生美感，这样的说话，就成了艺术。

——朱光潜

应知导航

（1）服务语言的特点、原则和基本要求。

（2）营销服务语言、餐饮服务语言、宾馆服务语言、导游服务语言的特点、实用技巧。

（3）谈判语言的基本要求、策略技巧。

知识探究

"三百六十行，行行出状元。"一个人，特别是服务行业从业者，要想成为行业翘楚，除了要精通本职工作的专业知识，具有娴熟的技术和丰富的经验外，还应具备高超的语言表达能力。

一、服务语言

（一）服务语言的特点

1. 语言的规范性

服务工作的对象来自五湖四海，服务行业从业者应当注意语音、语调、语法及遣词造句的准确性，做到：声音优美，音量和语句长度适中；字音清晰，语调抑扬顿挫；语速及时根据表达内容的需要做出调整。

服务语言

知识拓展

正确的服务语调

语言就像音乐，语调就像音乐的声调。语调可以直接影响语言的传达、接收。正确的服务语调应该是乐观的、温和的、舒服的、通情达理的、清楚的、直接的、自然的。要达到这样的标准，服务行业从业者应注意对语速、音量、声调的运用。

（1）语速。与客人交谈时，服务行业从业者语速过快，会让客人感到压力；语速过慢，会让客人感到着急。正确的做法是根据客人的具体情况调整语速，并尽量与客人的语速保持一致。

（2）音量。喊叫是愤怒、不满的表现，声音过高会令客人产生误会。音量适当升高，有时可以显示服务行业从业者的热情。一般情况下，宜保持音量适中，以让客人听清为准。

（3）声调。声调有起伏才能吸引客人，同时能表现出服务行业从业者的良好服务态度。在处理各种服务问题时，服务行业从业者要善用声调起伏来表达对客人关注的程度，希望客人关注哪一点，就在哪一点上把声调提起来，但声调需以平稳为基础，不要歇斯底里，不要随意提高。

2. 语言的艺术性

服务行业从业者要尽可能多地了解客人的信息，真正做到语言得体，使工作顺利进行。即使客人有意刁难，服务行业从业者也应保持亲切、热情、专业，时刻做到谦逊有礼，始终使用礼节性、交往性和专业性语言。

3. 语言的应变能力

应变能力是指服务行业从业者沉着、冷静、妥善处理突发情况的能力。服务行业从业者要能够根据不同的场合、事件、客人，灵活地使用服务语言，迅速拉近与客人之间的心理距离。

（二）服务语言的原则

1. 主动

主动是指在客人需要某种服务而尚未开口要求时，服务行业从业者就抢先一步提供准确服务。简单地说，主动就是服务行业从业者积极主动地为客人服务，而不是消极、被动地在客人提出要求后才做出反应。

精选案例

星期三中午，我们在宿舍吃饭，听见有人轻轻地敲门，便喊了一声"进来"。一个长发披肩，戴着一副金丝眼镜，身穿麻黄色西装，肩挎一个黑包的女孩站在我们面前。

"你们好！"她发出黄莺般欢快的声音。她又一一向我们问好，我们立即起身还礼。这时她开始向我们介绍她的产品——新型的小按摩器。我们才知道，她原来是个营销人员。

她非常细心地让我们试用她的产品，却并不多做介绍，只不过偶尔说"你们看计算机看得眼睛累了时，可以用这个按摩器，比做眼保健操效果好""你们都是很有孝心的，可以买一个送给父母""我刚毕业，可以算你们的大姐姐"。看到我们床头上的布娃娃时，她说："我也有一个这样的布娃娃，真可爱。"我们问按摩器的价格时，她很巧妙地说："我在家属楼卖的是12元，10元是上交公司的本钱，2元是我的辛苦费。但你们是学生，只消费不挣钱，我怎么能跟你们要辛苦费呢？算10元吧。"话说到这份上，自然让人没法砍价了。就这样，我们宿舍8个人，有7个人买了她的按摩器。

她走后，买按摩器的7个人中有5个人异口同声地说："我本来没打算买她的东西。"无疑，这5个人都被她成功的营销术征服了。我认为，她的成功之处有以下几点。

（1）以礼待人。她衣着得体，长发披肩，戴着金丝眼镜，文质彬彬，让人感觉很舒服。向集体问好的营销人员很多，但很少有人一一向每个人问好，她的举动能把每个人都吸引过来看她的产品。在介绍产品的过程中，她也不断得体地使用礼貌用语，给人的印象非常好。

（2）以质服人。客人十分最讨厌营销人员没完没了地说自己的产品如何如何得好。她抓住客人的这一心理，做过简要的说明后，请我们试用，好不好由我们裁定。

（3）亲切近人。她见客人是一群中专生，便很亲切地说自己也是刚毕业的学生，可以当大家的大姐姐，一下子拉近了与我们的距离。于是她的话由营销人员的营销变成了和妹妹们拉家常。这种亲切和融洽对营销是很有利的。

（4）甜言喜人。在营销过程中，她的语言似蜜，甜甜地流入我们的心中。"你们都是很有孝心的，可以买一个送给父母""我也有一个这样的布娃娃，真可爱"，她抓住了客人喜欢听好话的心理，让客人心情愉悦地购买她的产品。

（5）情理服人。一般来说，营销人员要价后，客人肯定要砍价。可宿舍7个人竟没人对价格提出异议，原因就是她说了这样一段话："我在家属楼卖的是12元，10元是上交公司的本钱，2元是我的辛苦费。但你们是学生，只消费不挣钱，我怎么能跟你们要辛苦费呢？算10元吧。"这番话说得在情在理，又包含着对我们的理解和体贴，我们自然很感动。她还很巧妙地设计了一条成本线：公司收她的成本是10元，她已经按10元卖给我们了；如果我们再砍价，她就要赔本。人家卖东西连一分钱的辛苦费都没要，我们还好意思让人家赔本吗？

主动服务是做好服务工作的必由之路。客人得到服务行业从业者的主动服务后，会感到一定程度的愉悦，进而会对服务行业从业者产生好感和信赖感。

2. 热情

服务行业是一个社会的窗口，服务行业从业者应该遵守热情服务的原则。一位客人出现在服务行业从业者面前时，他的心理状态可能是平和的，也可能是急躁的，但是无论客人说出什么样的话，服务行业从业者都应该热情应答。

每一个称职的服务行业从业者都应该时刻保持热情，做到以下三点：一是工作时必须全神贯注，眼、耳、口、手、脚、脑同时开动，任何时候都不得懈怠；二是不把个人的麻烦事和不愉快的情绪带入工作；三是以热对冷，化冷为热，用自己的热情温暖客人。

精选案例

"服务行业楷模"张秉贵的儿子张朝和接替父亲的工作后，苦练售糖绝活。面对柜台里来自北京、上海、广州、福州等地的200多种糖果，他还主动从糖果的种类、价格、出产地、品牌、口味、颜色等方面进行了研究。

这一天，从天津来了10位客人，似乎有意要考考张朝和。其中的一位客人对他说："你要是称得准，我们每人就都买一份糖；如果称得不准，我们就全都不买了。"张朝和听后，笑着答应了。100克、150克……250克，不管客人喊多少，张朝和每一次都是"一把抓"。客人去秤旁一瞧，准确无误。在场的客人见此无不发出赞叹之声。这时，一位客人将信将疑地走上前来对他说："一种糖我只要一块，这里有多少种我就要称多少块。"于是，张朝和边取糖、边唱价，糖称好了，价格也报出来了。客人清点了半天，竟没有发现半点儿差错。客人佩服得连声叫好："真不愧是劳模的后代，业务好，服务态度更好！"

值得注意的是，热情服务也要适度，否则就会吓跑客人。

3. 真诚

真诚二字，其实是真与诚的结合。真，是指真心实意；诚，是指诚实守信。真诚既是为人处世的原则，也是为客人服务的原则。真诚的原则要求服务行业从业者在整个服务过程中对客人始终抱有一颗以诚相待的心。离开了这个原则，做任何事情都不可能长久。

真诚服务讲究"因需而为"，即要根据客人的需要提供服务。"因需而为"要求服务行业从业者做到"需要服务时，招之即来，来之能服务，服务有水平"。

4. 友好

在服务工作中，友好主要体现在礼貌用语的使用上。服务行业从业者与客人接触时最常使用的礼貌用语有"欢迎光临""欢迎再次光临""请恕我冒昧""让您久等了"等。

（三）服务语言的基本要求

1. 称呼恰当

虽然称呼客人是一件比较简单的事情，但如果称呼不当，就会引起客人的反感，影响服务质量。

2. 清晰明确

清晰明确即说得清楚，讲得完整。服务行业从业者在与客人交流的短暂时间内，必须能够顺利地将话语传到客人的耳朵里，使客人迅速了解信息。

清晰明确还要求服务行业从业者讲究用词，即使用专业词汇时要因人而异，要根据客人的身份调整表达意思的用词，做到通俗易懂。

3. 态度和蔼

服务行业从业者要宽厚待人，用谦恭的态度表达对客人的尊重。

服务行业从业者在为客人服务时，一要和气地与客人讲话，使客人高兴而来，满意而去；二要耐心周到，使客人感到亲切、温暖。

（四）服务语言的禁忌

1. 称呼中的禁忌

在人际交往中，相互称呼是必不可少的，然而，称呼不当也会造成不好的效果。例如，"同志""师傅"是泛称，在众多场合对男性或女性都适用，但在旅游行业则应少用。又如，不能对客人使用不礼貌、不尊重的称呼。被称为"老头""老太婆"等情况都是客人不能接受的。因此，服务行业从业者需要掌握好分寸，使用恰当的称呼称呼客人。

2. 问候中的禁忌

问候语具有鲜明的地域色彩。中国人习惯使用的问候语宜在中国人之间使用。对外宾表示问候时，服务行业从业者需按他们的语言习惯使用相应的问候语。例如，中国人在见面时常说的"您好，吃过饭了吗"就不适合对外宾说。

3. 问话中的禁忌

人们在交谈中必定会有问有答，其中的问话就有不少讲究。问话不当就会引起对方的不快。例如，询问女性、初次见面的人的年龄、职业、收入、住址和其他个人隐私等就属于问话禁忌。

问话时要注意语气，宜婉转不宜直露。接电话时不能唐突地问对方："你找谁？"

不回答客人的问题反而反问客人，这在服务工作中是禁止的。因为这样的反问明显带有蔑视客人的语气，会使客人感到难堪，甚至会被激怒。

问话要有耐心，不能借此发泄自己的负面情绪，特别是在工作忙碌时。不友好、不耐烦、不礼貌的问话只会失去客人。

4. 回答中的禁忌

在客人对服务行业从业者的服务有疑问时，服务行业从业者给他们的答复不能让他们感到失望。"没有""不知道""我不管""不可以""你自己去找"等带有否定语气或不耐烦、表示与自己无关的语句，在服务活动中不宜使用。

5. 禁用粗俗用语和口头禅

服务行业从业者要体现自身的素质，就不可在服务工作中说粗话。一句粗话不仅会损害自身形象，还会损害整个团队的形象。

很多人在说话时会冒出口头禅。"这个这个""对不对"之类的口头禅还情有可原的话，"讨厌""烦死了"之类的口头禅就不会得到客人的谅解了，所以服务行业从业者应在服务工作中改掉说粗话、说口头禅的习惯。

知识拓展

服务语言的基本要求

（1）亲切：服务语言要使客户感到亲切，说话要轻，吐字要清楚，语言要规范，声调要亲切柔和；态度要谦逊，有礼貌，要使用礼节性、交往性、选择性、专业性语言；了解方言土语，可使客户感到易于交往。

（2）朴实：服务语言要大众化，力求口语化。

（3）真诚：服务语言的内容要真实，态度要诚恳。

（4）准确：服务语言要尽量做到用词恰当，表达准确；避免使用"大概""可能"等含糊词语。

（5）简练：服务语言要简明、扼要，抓住要点，突出重点，使客户一听就懂；要纠正表达重复、语句啰唆的习惯。

（6）文明：服务语言要健康、文雅、庄重，拒绝粗俗、贬斥、挖苦、讽刺等。

二、营销服务语言

营销服务语言又称柜台语言，是指营销人员在柜台内或货架旁接待客人时使用的语言。营销人员使用的语言符合客人的心理需要时，才能创造出更大的经济效益。

（一）营销服务语言的特点

1. 灵活性

灵活性要求营销人员善于根据特定环境和特定服务对象，灵活地使用营销服务语言。

营销服务语言的灵活性要体现在营销服务的全过程。

第一，主动、灵活地同客人打招呼。

第二，善于使用热情的语言灵活地接待不同身份、不同性格的客人。

第三，善于巧妙、灵活地回答客人的各种问题。

第四，善于灵活地使用送别客人的语言。

2. 尊重性

尊重他人和受人尊重是人类的两种需要。尊重性要求营销人员树立客人至上、以礼敬人和以诚感人的观念。营销人员应该以为客人服务和满足客人需求为己任，从而使尊重客人的观念在心中牢牢扎根。

尊重性也体现在尊重客人的选择上，客人有权选择买或不买，也有权选择买这种商品还是买那种商品。

3. 丰富性

商品的丰富性决定了营销服务语言的丰富性。琳琅满目的商品背后是庞杂的使用常识、性能、特点等信息，它们构成了营销服务语言的大部分内容。营销人员每天都要学习许多新的商品知识，因为要做一个优秀的营销人员，不但要掌握礼貌用语，而且要储备丰富的商品知识。

4. 简洁性

现代生活节奏较快，营销人员应用简短、明确的语句传递出最大的信息量，以节省客人的时间。

5. 针对性

在使用营销服务语言时，营销人员既要注意其对特定思想内容的贴近，又要注意其被特定客人所准确理解的可能性。因为不同客人在领会特定思想内容方面的能力存在差异。不讲究针对性的营销服务语言，是没有个性的语言。只有不断提高自身的文化修养和语言知识，营销人员才能做到有针对性的服务。

（二）营销服务语言的基本原则

1. 真诚待人，维护信誉

从心理学角度分析，在营销的最初阶段，客人的心态一般是比较消极的。因此，营销人员必须做到以诚为心、以信为品。真诚、热情的态度和语言可以缩短营销人员和客人之间的感情距离，消除客人对营销人员的戒备心和抵触情绪。所以，在营销活动中，营销人员应既不花言巧语，也不故弄玄虚。

2. 主题明确

营销的目的是说服客人接受营销人员所提供的商品或服务。所以，营销服务语言的主题就是激发客人的购买欲望，满足客人对商品或服务的需求，探明客人的购买力和购买决策权。营销服务语言是否成功，最终的检验标准在于客人是否购买了商品或服务。

营销服务语言应时刻围绕营销主题而展开。根据不同的客人和不同的商品或服务，营销人员应制定不同的营销服务语言方案。营销服务语言的安排一般先从客人感兴趣的和有购买需要的方面入手，如购买这种商品或服务能够得到的好处等。

3. 简洁明快

简洁明快要求营销人员能够迅速抓住客人的注意力，引起客人的购买兴趣。例如介绍商品的众多优点时，要根据不同客人的需要，抓住最能打动客人的方面，用简洁明快的语言加以说明，使客人产生购买欲望并完成购买行为。

成功的营销服务语言应鲜明而简练，能调动客人的情绪，引导他们与营销人员一起讨论如何购买商品或服务。

4. 语速和声调要适当

根据不同的客人和营销情况，适当地调整语速也很重要。如果客人是老人，营销人员的语速就要慢一些；如果客人是年轻人，营销人员的语速可以适当加快。介绍主要问题时，营销人员的语速可以稍慢，给客人接纳和思索的时间。

营销人员的声调也是影响营销结果的一个重要方面。一般来说，营销人员的语言要亲切悦耳，声调不宜过高。即使在发生争论的时候，营销人员也要心平气和，使用平静而沉稳的声调。这样，不仅可以使营销活动继续进行，还可以使营销人员控制营销局面。控制营销局面是一种修养和能力，是一个营销人员个人素质和专业水平的体现。

5. 耐心讲解，不轻言放弃

营销人员要对客人说"不"的情况做好充足的心理准备，如果不能以平常心待之，甚至反唇相讥、恶语相加，就会失去客人。

任何商品或服务都有其优缺点，遭到质疑在所难免。当客人提出关于商品或服务的缺点或局限后，营销人员要实事求是地承认商品或服务的缺点或局限，但不要轻易放弃营销，应耐心讲解商品或服务的优点，说服客人看重商品或服务好的方面。

以耐心的态度对待客人，不含糊、不推诿、不轻易放弃，不仅是对客人负责的表现，还是一种情感交流和沟通。营销人员的回答也许不能使客人完全满意，但耐心的讲解可以减少客人的抵触情绪，使双方取得对商品或服务的共识。

精选案例

库尔曼原是一名职业球手，手臂受伤后便成了一名人寿保险营销人员。经过不懈努力，他成了一名金牌营销人员。

罗斯是一家工厂的老板。很多营销人员都在他面前无功而返，库尔曼却成功地让这个老板购买了自己的产品。下面是两人的对话记录。

库尔曼："您好。我叫库尔曼，××保险公司的营销人员。"

罗斯："又是一个营销人员。你是我今天遇到的第10个营销人员，我有很多事要做，没时间听你说。别烦我了，我没时间。"

库尔曼："请允许我做一个自我介绍，10分钟就够了。"

罗斯："我根本没有时间。"

库尔曼低下头仔细看放在地板上的产品，然后问罗斯："您生产这些产品？"

罗斯："嗯。"

库尔曼："您做这一行多长时间了？"

罗斯："22年了。"

库尔曼："您是怎么开始干这一行的？"

这句有魔力的话在罗斯身上发挥了效用。他开始滔滔不绝地谈起来，从自己的早年不幸谈到自己的创业经历，一口气谈了一个多小时。最后，罗斯盛情邀请库尔曼参观自己的工厂。那一次见面，库尔曼没有卖出保险，却和罗斯成了朋友。接下来的3年里，罗斯从库尔曼那里买了4份大额保险。

（三）营销服务语言的技巧

1. 打招呼时的技巧

打招呼是一种对他人表示关切的主动行为。营销人员一见到客人就热情洋溢、自然大方地打招呼，可以立刻营造出良好的营销氛围。

有的客人没有既定的购物目标，有的客人购物目标明确，营销人员应当掌握适时、及时打招呼的技巧，并注意观察客人巡视的热点。当客人在柜台前停留并观察某种商品或在柜台前寻找某类商品时，营销人员应该适时上前打招呼。

打招呼看似简单，却有很大的学问，包含点头、微笑、注视、恰当的用语和合适的称谓 5 个元素。

营销人员向客人说的第一句话既可以是表示问候的，也可以是表示欢迎的，还可以是试探性的询问。比较常用的打招呼用语有以下几种。

"您好！"

"您来了！"

"欢迎选购商品！"

"非常高兴为您服务！"

"要我给您拿出来看看吗？"

"我能为您做些什么吗？"

"您需要些什么？"

2. 介绍商品或服务时的技巧

营销人员向客人介绍商品或服务的目的是让客人了解和熟悉商品或服务，激发其购买欲望，有效地扩大服务范围。

营销人员向客人介绍商品或服务时可遵守 FAB 原则——特点（Feature）、优点（Advantage）、利益（Benefit）。营销人员在引导客人时，可先说明"特点"，再介绍"优点"，最后阐述"利益"，以循序渐进地引导客人购买商品或服务。

需要再次强调的是，利益永远是客人最关心的方面，营销人员要关注客人需要的所有能获得的利益，而不是仅仅陈述自己认为最好的利益。

3. 回答问题时的技巧

回答问题时的技巧主要是指围绕客人对某一商品或服务提出的疑问，营销人员做解释说明时使用的技巧。营销人员做解释说明的主要目的是说服客人购买商品或服务，却不能露出说服的痕迹，这就要求营销人员使用相应的技巧化解客人的疑虑，提高客人对商品或服务的兴趣，最终使客人愿意购买商品或服务。

（1）迂回的技巧。对客人提出的疑问不便直接回答时，营销人员可以采取迂回的方法从侧面做出解释说明。

（2）变换句式的技巧。同一商品或服务在不同的客人眼中有不同的优缺点。营销人员要根据不同客人的需求灵活地变换句式介绍商品或服务，强调其优点，弱化其缺点。例如，客人认为某件商品的价格太高，营销人员对这一观点有两种回答方法：一种是"这件商品虽然价格稍高了一点儿，但质量很好"；另一种是"这件商品的质量虽然好，但价格确实高了一点儿"。这两种回答给客人的感觉完全不同。前一种说法会使客人感到这件商品质量好，即使价格高也值得买；而后一种说法会使客人感到这件商品不值那么多钱，买了不合算。

（3）"两多""两少"的技巧。这种技巧是指营销人员在回答客人的问题时，

多用请求式，少用命令式；多用肯定式，少用否定式。例如，客人要求退换食品时，如果营销人员直截了当地说"不行"，就会使客人感到不愉快；如果营销人员态度很好地询问客人退换食品的原因后再拒绝客人，也不会使客人感到不愉快。

4. 促成交易时的技巧

促成交易是营销人员开展营销活动的目的。一旦时机成熟，营销人员就应当立即促成交易，以免错失良机。国内外营销学家通过对促成交易过程进行的大量研究，总结出一些促成交易的有效技巧。

（1）请求成交法。请求成交法又称直接成交法，是指营销人员向客人主动提出成交请求的方法。

请求成交法要求营销人员具备较强的观察能力。营销人员应时刻观察客人，以便适时提出成交请求。

请求成交法要求营销人员把握好成交的时机。选择适当的时机请求成交，会令客人自然、愉快地接受请求；在时机不成熟时请求成交，就会引起客人的警觉、反感。如何把握成交时机，是营销人员应该认真琢磨和思考的问题。

（2）假定成交法。假定成交法又称假设成交法，是指营销人员在假定客人已经接受营销建议、同意购买的基础上，通过提出一些具体的成交问题直接要求客人做出购买行为的方法。假定成交法要求营销人员始终有这样的信念：通过自己出色的营销服务语言引导客人想做出购买行为，而且一定会做出购买行为。营销人员不但要有这样的信念，而且要通过言谈举止、神态表情显示出来，并密切注意客人所发出的购买信号，以及时、主动地提出成交的假定。如果客人不表示反对，交易就可达成。

营销人员应适时地使用假定成交法。只有在发现成交信号，确信客人有购买意向时，才能使用这种方法，否则会弄巧成拙。

营销人员应有针对性地使用假定成交法。使用这种方法时，营销人员要善于分析客人。通常，对于依赖性强、性格比较随和的客人，可以使用这种方法；对于那些自我意识强的客人，则不应使用这种方法。

（3）选择成交法。选择成交法是指营销人员向客人提供两种或两种以上购买选择范围，并促使客人在有效成交范围内进行成交方案选择的成交方法。它是假定成交法的应用和发展，仍然以假定成交理论作为理论依据，即营销人员在假定成交的基础上向客人提出成交决策的比较方案，先假定成交，后选择成交。让客人不是在买与不买之间做出选择，而只能在营销品的数量、规格、颜色、包装、样式、交货日期等方面做出选择。

精选案例

营销人员："就车身的颜色，您喜欢灰色的还是黑色的？"

客人："嗯，从颜色上看，我倒是喜欢黑色的。"

营销人员："选得不错！现在最流行的就是黑色！那么，您是想明天取车还是后天取车？"

客人："既然要买，就越快越好吧！"

营销人员："那明天就取车吧。"

这样，双方很快就达成了交易。

选择成交法的优点在于既能调动客人做决策的积极性，又能控制客人做决策的范围。选择成交法的要点是使客人避开"要还是不要"的问题，让客人回答"要A还是要B"。

（4）小点成交法。小点成交法又称次要问题成交法或避重就轻成交法，也就是营销人员通过次要问题的解决来促成交易的方法。小点是指次要的、较小的成交问题。

小点成交法利用的是客人的成交心理活动规律。从购买心理的角度来看，客人对重大的购买决策较为慎重，担心有风险而造成重大损失；在做较小的成交决策时，心理压力较小，会较为轻松地接受营销人员的推荐。小点成交法正是利用了客人的这一心理活动规律，避免让客人直接面对重大的、比较敏感的成交问题。在营销过程中，营销人员先让客人就一些"小点"做出决策，再就"大点"达成协议，从而达成交易。

精选案例

一个办公用品营销人员到某企业办公室推销一款纸张粉碎机。办公室主任在听完产品介绍后摆弄起这台机器，并自言自语道："东西倒不错，只是办公室这些小青年毛手毛脚的，怕没用两天就给用坏了。"

营销人员一听，马上说："这样，明天我把新机器送来时，把纸张粉碎机的使用方法和注意事项给大家讲一下。这是我的名片，如果使用中出现故障，请随时与我联系，我们负责修理。主任，如果没有其他问题，我们就这么定了。"

（5）从众成交法。这是指营销人员利用客人的从众心理，促使客人立即购买商品或服务的方法。在日常生活中，人们或多或少都有从众心理。客人在购买商品或服务时，不但会按照自身需求来购买商品或服务，而且会考虑社会对此种商品或服务的审美观念，甚至会在某些时候屈从于社会的压力而放弃自身的爱好，以符合大多数人的消费行为。

从众成交法正是抓住人们的这一心理特点，力求创造一种时尚或一股流行来促成交易。从众成交法比较适合用来营销偏时尚的商品或服务，并且要求营销对象具有较强的从众心理。

在使用从众成交法时，营销人员应选择具有一定影响力的一般客人或重要客人。值得一提的是，营销人员必须讲究职业道德，不能利用虚假的成交气氛来欺骗客人。

5. 送别客人时的技巧

营销人员应对即将离开柜台的客人说上一两句颇有礼貌的送别语。

（1）通用的送别语。通用的送别语是和结束服务的动作连在一起的。例如，"谢谢光临""慢走""欢迎再来""再见"等。

（2）关心性的送别语。这种送别语适用于特殊客人和粗心客人。年长的客人言行迟缓、记忆力不强，营销人员在送别时要用既亲切又关心的生活语言，如"大叔，请拿好，路上慢慢走"。这种送别语非常符合年长的客人的心理需求。粗心的客人选购完商品或服务要离开柜台时，营销人员应该说："先生，请把钱包装好，把东西拿好，再见！"，这样会让客人对营销人员产生感激之情。

（3）祝福性的送别语。当客人选购完商品或服务要离开柜台时，营销人员可以用祝愿幸福、长寿、健康、美满之类的语言送别客人。这些祝福性的送别语具有很强的针对性。送别未婚男女时，营销人员可以说"祝你们幸福"或"祝你们生活美满"。如果客人选购商品是为了探望病人，营销人员在送别他们时可以说"祝您的亲人早日康复"或"祝您的朋友早日恢复健康"。

（四）营销服务语言中的禁忌

在营销活动中，营销人员要了解一些语言禁忌，以免影响自身形象。

（1）遇到客人询问时，营销人员禁说"你不会看吗""没见我正忙吗""不知道"。

（2）遇到客人打听作业流程、相关信息时，营销人员禁说"不知道""你问我，我问谁""旁边贴着，自己看""我不懂"。

（3）遇到客人犹豫时，营销人员禁说"有没有决定好""你快点说啊，到底买不买"。

（4）遇到业务繁忙时，营销人员禁说"喊什么，等一会儿""没看见我正忙吗""就你的事急"。

（5）遇到客人交款时，营销人员禁说"快点啊！没看见后面这么多人等着吗""怎么不提前准备好"。

（6）遇到客人问价时，营销人员禁说"上面写着呢，自己看""不知道"。

（7）快下班时，营销人员禁说"我们下班了""我们已经清账了，你明天再来吧"。

三、餐饮服务语言

我国的饮食文化博大精深，餐饮服务艺术源远流长。餐饮服务应既要使客人吃得饱，又要使客人吃得愉快，所以餐饮服务语言也有一番讲究。

（一）餐饮服务语言的特点

1. 形式上的要求

（1）恰到好处，点到为止。服务既不是演讲也不是讲课，服务人员在服务时清楚、亲切、准确地表达出自己的意思即可，不宜多说话。

（2）有声服务。没有声音的服务，是缺乏热情与魅力的。服务内容不仅包括鞠躬、点头等动作，还包括问候。

（3）轻声服务。传统服务是吆喝服务，鸣堂叫菜、唱收唱付；现代服务则讲究轻声服务，要求说话轻、走路轻、操作轻。

（4）清楚服务。一些服务人员会因腼腆或普通话说得不好而不能向客人提供清楚明了的服务。例如，有些服务人员只管端菜，不报菜名，导致客人不得不主动询问菜名。

（5）普通话服务。即使是地方风味和风格突出的餐厅需要使用方言服务才能显现出个性，也不能拒绝提供普通话服务。这类餐厅的服务人员可以提供双语服务，既能体现其个性，又能使交流变得没有障碍。

2. 程序上的要求

在程序上对餐饮服务语言做相应的要求，有利于检查和提高服务人员的语言规范性。餐饮服务语言在程序上的要求有以下七点。

（1）客人来店时，要能听到欢迎声。

（2）客人离店时，要能听到道别声。

（3）客人主动提供帮助或表扬服务人员时，要能听到致谢声。

（4）客人欠安或遇到服务人员时，要能听到问候声。

（5）服务不周时，要有道歉声。

（6）提供服务之前，要有提醒声。

（7）客人呼唤时，要能收到回应声。

（二）餐饮服务语言的"第一句话"原则

餐饮服务中的第一句话尤为重要。若说得恰当，简单的几个字就可以拉近服务人员与客人的距离。

餐饮服务虽然是社会公共服务的一个类别，却因与人们的一日三餐过于密切而变得非常私人化。餐饮服务少了些公事公办的意味，多了些人情味。

如果一进门，就听到服务人员用他的名字和他打招呼，客人自然会很高兴。第一句话讲得得体，就可以让服务人员赢得来此就餐的客人的信赖。

餐饮服务中的第一句话有"您来了""今天您过来了，还点上次一样的菜吗""能为您服务是我们的荣幸""谢谢您对我们的支持"等。

（三）餐饮服务语言的技巧

1. 称谓语

称谓语的要求是恰如其分、清楚亲切、灵活变通。例如，一对刘姓父子来就餐，服务人员就不便称呼其中的任何一位为"刘先生"。

2. 问候语

（1）注意时空感。为问候语增加时空感，可以提升客人的就餐体验。例如，中秋节时向客人说一声"中秋节快乐！先生，您想点些什么菜"，既可营造节日气氛，也可以让人感觉温馨。

（2）把握时机。问候语一般在客人离服务人员 1.5 米的时候使用。对于距离自己较远的客人，服务人员宜微笑点头示意，不宜打招呼。

（3）配合得体的身体语言。服务人员在使用问候语时，要配上得体的身体语言。例如，一些餐厅的服务人员在客人询问"洗手间在哪里"的时候，仅回答"直走，左拐"就显得很不礼貌。如果服务人员能配合一些身体语言，给客人指明具体方位，就会让客人舒服很多。

3. 征询语

征询语是指征求客人意见的询问语。征询是餐饮服务的一个重要程序。常见的征询语有"先生，您看现在可以上菜了吗""先生，您的酒可以开了吗""女士，您有什么吩咐吗"等。如果省略了它，就会产生服务上的错乱。例如，服务人员不征询客人的意见就自作主张地开始上菜，是一种不尊重客人的行为，极易引起客人的不悦。

4. 拒绝语

服务行业虽然是为满足客人的需要而存在的，但也不能无原则地满足客人的要求。得体的拒绝应遵守"先肯定，后否定"的原则，而不是简单的拒绝。例如，"您好，谢谢您的好意，不过……""承蒙您的好意，但这样会违反酒楼的规定，希望您理解"。

5. 答谢语

当客人认可服务人员的工作、主动提供帮助或提意见的时候，服务人员要清楚、真诚地使用答谢语，向客人表示感谢。

客人提出的关于菜品和服务方面的意见不一定都适合被采纳，但服务人员不应与客人展开讨论，应就客人提意见这一行为本身表达谢意。

6. 提醒道歉语

提醒道歉语是餐饮服务语言的重要组成部分，使用得好，会使客人在用餐中感受到尊重，对餐厅留下良好的印象。使用提醒道歉语也是一个必要的服务程序，缺少了这一个服务程序，往往会使服务出现问题。

常用的提醒道歉语有"对不起，打搅一下，给您……好吗"。服务人员应先征得客人的同意再提供服务。对于一些服务项目，服务人员不必征询同一餐桌上所有客人的意见，但在为主宾或第一个客人服务时，一定要使用提醒道歉语。

7. 告别语

送别客人是结束服务的礼节性表示。送别客人的目的是希望客人再次光顾，因此告别语要响亮而有余韵，同时配合点头或鞠躬等身体语言，给客人留下美好的回忆。

四、宾馆服务语言

随着我国旅游事业的发展，人们对宾馆服务质量的要求也越来越高。在现代宾馆服务中，注重礼仪服务、强调语言艺术，是很有必要的。

（一）宾馆服务语言的特点

1. 委婉

宾馆服务语言要委婉。委婉的宾馆服务语言是指服务人员出于对客人的尊重，不直接说明本意，而是使用暗示的方法，达到既能使客人意会，又不会让客人感到尴尬的效果的语言。

得体的宾馆服务语言能表示善意和尊重，体现服务人员良好的语言素养，进而显示出文明和高雅。

精选案例

某宾馆服务人员在进行例行清洁工作时，发现603号房间无人应答，反复敲门后便拿出钥匙自行开门进行清扫。

意想不到的是，房间内有人，而且对服务人员的出现非常不满。

服务人员没有急于对客人的责怪进行抗议，而是心平气和地说："对不起，可能我敲门的声音不够大，您没有听到。"

2. 以客人为中心

宾馆是为客人服务的，要以客人为中心。服务人员与客人发生矛盾时，要让客人从服务人员既维护宾馆利益又得理让人的语言艺术中得到心理上的满足。

以下4个事例集中体现了以客人为中心的含义。

（1）给出错的客人一个体面的台阶。服务人员追上忘记结账的客人："对不起，先生，我忘记给您结算房费了。"客人付账后，服务员又说："谢谢，占用您的时间了，欢迎再次光临。"显然，服务人员既挽回了宾馆的损失，又给了客人一个体面的台阶。这会让客人在心里感激服务人员。

（2）给吵闹的客人一点儿面子。大堂经理礼貌地把一位高声吵闹的客人请进会客室，先消除了客人的怒气，再以足够的耐心让客人把话讲完，最后本着大事化小、小事化了的原则提出了解决问题的办法。在解决此类问题时，服务人员宁可在经济上做一点儿让步也不要与客人据理力争。因为一旦争执起来，就会惊动其他客人，造成不良影响。

（3）给并无恶意的客人一些体谅。一位入住宾馆的外宾在前台用十分生

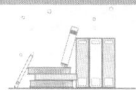

硬的汉语对为他忙前忙后的服务人员说："女士，我爱你。"训练有素的服务人员当即分析出外宾的这个"爱"字除了表示友好和称赞外并无他意，便微笑着说："谢谢您，我也'爱'您，爱所有的客人。"周围的人提着的心这时一下就落下了。可见，面对客人的一些不恰当言行，服务人员要先分析原因，做好语言处理，避免冤枉并无恶意的客人。

（4）给道歉的客人一份安慰。客人因为误会了服务人员而向服务人员当面道歉时，服务员应真诚地说："没关系，您不是有意的。"这些宽慰的话，既可让客人不安的心得到抚慰，又能体现出服务人员的豁达。

（二）宾馆服务语言的技巧

1. 总服务台服务语言的技巧

宾馆的总服务台是宾馆的窗口，是整个宾馆服务工作的枢纽。总服务台的服务人员要与所有的客人打交道，其接待水平直接影响宾馆的服务质量。总服务台的服务人员在工作中要做到以下四点。

（1）说普通话，同时掌握一些常用的方言和外语。

（2）发音准确、声调适中、表达流畅，并具有相应的理解能力。

（3）有幽默感，能使用生动、幽默的语言打破僵局，妥善处理问题，让客人觉得宾馆员工有较高专业素养。

（4）灵活，能根据客人的不同需要和身份灵活地解答客人的问题。

2. 客房服务语言的技巧

客房服务人员在接到总服务台的迎客通知后，应做好迎接准备，等候在楼梯口或电梯口，见到客人便热情亲切地问候："您好，欢迎您！请问您是××房间的×先生（×女士）吗？"

客房服务人员得到客人的确认后，要招呼客人"请跟我来"；带房途中，应走在客人前方并始终与客人保持一米左右的距离；打开房间后，要站在一侧，示意客人"请进"；确定客人不再需要服务后，应立即退出房间，以免妨碍客人休息。

在向客人告别时，客房服务人员应告诉对方："您有什么问题，随时可以找我。"当客人离开宾馆时，客房服务人员应将其送至电梯口，并热情地与之告别。

客人的行李如果较多，通常应由行李员协助送至大厅或房间内。将客人的行李送到大厅时，行李员应在客人数好行李的件数后再与其作别。如需将客人的行李送至客房，行李员进入宾馆正门后应一直随行在客人身后。当客人与总服务台接待人员交谈时，行李员应在一边恭候。步入电梯时，行李员应当先入；走出电梯时，行李员应当后出。

行李员陪同客人抵达既定的楼层后，可先与客房服务人员取得联系，然后随行在客人身后进入客房。进入客房并将行李放在客人指定之处后，行李员应及时离开，不可逗留。

当客人离店需要行李员帮助时，行李员应按约定时间到达客房。在问明客人行李的件数及具体要求后，行李员应小心而负责地把行李运到客人预约的车上，并将其放入后备厢。之后，行李员应就此向客人进行详细的交代，以免对方有所遗忘，去而复返。最后，行李员应向客人欠身施礼，并以"祝您一路顺风""欢迎再次光临""再见"等合乎礼仪的语句与客人作别。

五、导游服务语言

导游是一个特殊的职业。能说而不乱说是一个导游应当具备的素养，而会说并说得有理、有味、有情、有调，又是一个导游应当争取达到的境界。

导游口才的好坏能直接影响游客在景区游玩质量的高低。对于一个导游而言，能说、敢说是远远不够的，导游的才华应当体现在会说、善说、能说别人所不能说上。

（一）导游服务语言的特点

1. 准确恰当

导游的口才在很大程度上取决于遣词用语的准确性。讲解的词语必须以事实为依据，准确地反映客观事实，做到就实论虚、入情入理，切忌空洞无物或言过其实。

一些导游为了吸引游客的注意，常常会有意无意地夸大事实或故弄玄虚。例如，把有 200 年历史夸张为有 500 年历史，用"世界上最好的""全中国最美的""独一无二的"之类的修饰语介绍景色等。这类没有依据的介绍会使有见识的游客感到反感。因此，导游对讲解要有严肃认真的态度，要斟词酌句，要注意词语的组合、搭配。

2. 鲜明生动

在讲解内容准确的前提下，导游还要力求语言鲜明生动，切忌死板、老套、平铺直叙。

导游要善于恰当地运用一些修辞手法，如对比、夸张、比喻、借代、映衬、比拟等美化自己的语言。美化了的语言，更易让导游把讲解内容包括故事传说、名人轶事、自然风物等讲得有声有色、活灵活现，以独特的艺术魅力吸引游客领会讲解的内容。

3. 风趣活泼

风趣活泼是导游服务语言生动性的一种表现。导游要善于借题发挥，用夸张、比喻、双关等方式活跃气氛，增强艺术表现力。风趣活泼的导游服务语言，不但能活跃气氛，而且能增添游客的兴致，使之获得精神享受。

精选案例

有个导游这样讲解岳阳楼旁的"三醉亭"："女士们，先生们！岳阳有句俗话，叫作'三醉岳阳成仙人'。各位是不是也想成'仙'呢？"

"成'仙'？当然想啊！"几个游客开玩笑地答道。

导游说："想成'仙'，得满足两个条件：一是醉酒；二是吟诗。"

游客乐不可支，有的说会吟诗，可惜不会饮酒；有的说会饮酒，可又不会吟诗，气氛十分欢乐。

这个导游又说："既会饮酒，又会吟诗，还到过岳阳三次的人就会像吕洞宾一样成'仙'。如果只会饮酒，不会吟诗，或者只会吟诗，不会饮酒，那就只能是半人半'仙'了。"

4. 浅显易懂

导游讲解的内容主要靠口语来传达。声过即逝，游客不可能像看书面文字那样反复品味。这就要求导游使用浅显易懂的服务语言进行讲解。

口语化的句子一般比较短小，导游应擅于将长句分成几个短句。有的导游的讲解缺乏口语化特点，让游客感觉是在背书。

精选案例

下面这段话的雕琢痕迹很重，游客即使在一定的语言环境中也很难听清听懂。

"象高大威严，体躯粗壮，性情温柔，粗大的四蹄直立于地，稳如泰山，象征着社会的安定和皇权的巩固。古代帝王对象情有独钟。这是一对錾胎珐琅太平有象，它能通四夷之语，身驮宝瓶而来，给皇帝带来了农业的丰收和社会的太平，故御名曰'太平有象'。"

注：这段讲解中每句话的雕琢痕迹都很重。"体躯粗壮""通四夷之语""身驮宝瓶而来""故御名曰"等，都是书面语，而不是浅白的口语，游客即使在一定的语言环境中也很难听清听懂。

5. 吐字清楚、声音圆润

无论是普通话、粤语，还是外语，导游都要力求吐字清楚、发音准确。

导游还要力求声音清亮圆润，学会使用正确的发声方法，使声音悦耳、清脆。

（二）导游服务语言的技巧

1. 激发游客的兴趣

导游讲解景点，是为了帮助游客了解和观赏风景，获得必要的知识和美的享受。导游必须使用生动和趣味性的语言进行讲解，还要根据不同身份、年龄、背景的游客调整讲解词。例如，面对儿童进行的讲解应力求浅显易懂，多用比喻，多讲故事；面对教育背景较高的游客进行的讲解可以引经据典，以深层次展现景点的魅力。

2. 寻找游客的兴趣点

导游只有找到游客的兴趣点，才能充分满足游客的心理需求，顺利完成导游任务。为此，导游应提前了解游客的一些信息，在接待途中注意观察游客的情绪变化，及时发现游客的思维特点。

3. 控制讲解的时间

心理学研究表明，在45分钟的独白式讲解中，听者能集中精力吸收前15分钟的信息。因此，导游要控制好讲解的时间。

一是讲解的时间不宜太长太久。因为讲解时间太长太久，会让游客心生疲惫，拒绝将注意力集中在导游身上。如需进行较长时间的讲解，导游应适时使用设问、答问等方式传达所要讲解的内容。

二是讲解的时间要与游客的观赏时间相交叉，即讲一段时间，就让游客自己观赏一段时间，再讲一段时间，再让游客自己观赏一段时间，如此反复。带游客游三峡，当船快到巫峡神女峰时，导游的行为应该是用不到 5 分钟的时间把巫峡神女峰美丽的传说讲一讲，传说一讲完，神女峰就出现在游客的眼前。之后，有经验的导游会让游客自己欣赏神女峰。一些经验不足的导游生怕游客不够清楚明白，便继续讲解，以致游客都没有足够的时间按照自己的思路和感受欣赏神女峰。

三是讲解时间的长短，一般应视游客的兴趣而定。发现游客对某一景物有兴趣时，导游可以把讲解时间适当延长；反之，就要适当减少讲解的时间。

六、谈判的语言

听到"谈判"一词，很多人会想到一方赢、另一方输的场景。其实，生活中的许多事情都需要协商谈判。应该说，谈判是一种构建交流过程的积极途径。

（一）谈判语言的基本要求

1. 语言简练，内容充实

简练而充实要求谈判人员用尽可能少的语言表达尽量多的内容，做到说话没有闲言废语，围绕谈判目标进行谈判，突出主题，条理清晰。

2. 准确具体，清晰流畅

谈判的内容往往涉及许多具体数字，而且事关经济利益得失。所以谈判语言必须准确、具体，一就是一，二就是二，绝不允许有一点儿含糊、差错。

谈判人员应力求口齿清晰，干净利索，给人留下清楚、完整的印象。吞吞吐吐，半天说不清、道不明，只会让谈判人员在谈判中处于劣势，无法为自己争取更大的利益。在瞬息万变的市场竞争中，错失良机的损失往往比浪费时间、金钱的损失更大。

3. 表达含蓄，委婉有礼

在谈判的过程中，由于某些原因，有些话不方便直说，使用含蓄委婉的表达方式可以给自己和对方足够的尊重。例如，经验丰富的谈判人员一般不会说"你们的要求是无理的，我们不能接受"，而会说"对于你们的要求，我们先商量一下，再主动与你们联系"。

4. 临机应变，巧问妙答

对于谈判应该谈到的主要问题，谈判人员应做好充分的准备；对于对方可能提出的问题，谈判人员也要有一定的预测。在谈判过程中，对方还会提出许多棘手问题，这就要求谈判人员临机应变、反应敏捷、能言善辩、左右逢源、对答如流。如果反应迟钝，词不达意，甚至漏洞百出，谈判人员就会让自己置于被动地位，任人摆布。

5. 幽默风趣，一张一弛

谈判是一项很费精力也很费口舌的事情。在谈判的过程中适当地使用一些幽默、风趣的语言，可以活跃谈判气氛，增进双方的了解和沟通。在谈判现场相当紧张、谈判双方僵持不下时，幽默、风趣如同润滑剂，有助于缓解紧张气氛，让谈判双方都收到意想不到的结果。一些谈判高手在方案即将选定，谈判已经进入高潮的阶段，总是不失时机地抛出几句幽默、诙谐的话，使谈判双方的紧张、急躁情绪大减，精神顿时放松，谈判席上洋溢起友好、合作的气氛。面对对方的刁钻问题时，谈判人员用幽默、风趣的话作答，颇能显示出机智、专业。

（二）谈判语言的技巧

说起谈判，很多人会感到一股严肃紧张的气氛，让人不寒而栗。其实，谈判是一种解决问题的思考模式，所以谈判是说服，更是协调冲突。

1. 一开始就提出较多的要求，以留出让步空间。这个做法的用意，不但可以增加协商弹性，而且可以让对方产生成就感。

谈判的口才艺术

2. 避免对抗性谈判。避免造成敌我不两立的对峙，谈判才有后路。

3. 把对方的愤怒视为一种谈判技巧，而非情绪反应。对方发怒时，谈判人员应该表示出适度的尊重，但不要让对方激起自己的负面情绪。

4. 让对方觉得他们是胜利的一方。让步的空间越来越小时，谈判人员要迫使对方做最后的提议。同样的方案让对方开口，会让对方觉得他们是胜利的一方。

5. 告诉对方自己有退路，而非威胁对方他们没有退路。与领导谈判时，这一点尤其重要。与其说"你不加薪我就走人"，不如说"如果您觉得加薪有困难，我就得先考虑其他做法，等我的经济状况得到改善后，再回来为您及公司效力"。

知识拓展

商务谈判中的八字真言

对于谈判中的每一方来说，谈判能力都来源于八个方面，就是NOTRICKS所代表的八个单词：Need，Options，Time，Relationships，Investment，Credibility，Knowledge，Skills。

"N"代表需求（Need）。如果买方的需要较多，卖方就拥有了较多的谈判资本；卖方的出售意愿较多时，买方就拥有了较多的谈判资本。

"O"代表选择（Options）。如果买方认为卖方的商品或服务是唯一的或为数不多的选择，卖方就拥有了较多的谈判资本。

"T"代表时间（Time）。这是指谈判中可能出现的有时间限制的紧急事件。无此压力的一方拥有较多的谈判资本。

"R"代表关系（Relationships）。与对方建立稳固关系的谈判人员拥有较多的谈判资本。

"I"代表投资（Investment）。在谈判过程中投入的时间和精力越多、对达成协议承诺越多的一方往往拥有较少的谈判资本。

"C"代表可信性（Credibility）。拥有较高可信度的谈判人员拥有较多的谈判资本。

"K"代表知识（Knowledge）。充分了解对方的问题和需求，无疑会增加谈判人员的谈判资本。

"S"代表的是技能（Skills）。谈判需要广博的知识、雄辩的口才和灵敏的思维。

学以致用

（1）服务语言的特点和基本要求是什么？

（2）营销服务语言的特点是什么？

（3）举例说明餐饮服务语言"第一句话"原则的重要性。

（4）导游服务语言的技巧有哪些？

◇◇◇ 素养提升 ◇◇◇

萧楚女对镜练口才

　　萧楚女是中国共产党早期的著名理论家。他出生在一个木材商人家庭，在父母的宠爱下长大。后因家道中落，十几岁的萧楚女去茶馆跑堂挣钱贴补家用。

　　在茶馆跑堂虽然辛苦，但萧楚女还是读了很多书刊，知道了很多知识和正在发生的大事。

　　萧楚女从1915年开始，经友人介绍开始担任《崇德报》主笔，1917年任《大汉报》主笔。他的文笔生动泼辣，指出问题一针见血，在当时的新闻界堪谓一股清流，同事们有感于他的多才与高产，称他为"打字机"。

　　1920—1922年，萧楚女先后在襄阳、宣城、芜湖等地任教。做教员，最重要的就是提高演讲能力。为了解决这个问题，萧楚女每天一大早就带块镜子跑到山上，找一个没人的地方，把镜子挂在树上，对着镜子练习讲课。每一个表情、每一个手势、每一句话，他都看着镜子反复练习，力求达到最好的效果。

讨论：

1. 从文章中，你获得了什么启发？
2. 萧楚女身上体现了早期中国共产党党员的什么品质？

演讲篇

演讲的技巧及训练

随着人类社会的发展和文明的进步，演讲在社会竞争中发挥着越来越重要的作用。近年来，不少人才学家主张把当众演讲能力作为培养人才的重要内容和选拔人才的重要依据。我们有必要自觉、坚持不懈地通过各种不同的场合训练自己的演讲能力，掌握一些演讲技巧，以适应社会的需求。

育人目标 ▼

1. 掌握演讲的相关知识，积极参与演讲活动，丰富学识，增长见识，促进全面发展。
2. 了解写好演讲稿对演讲成功的重要性，了解做好演讲应具备的条件，在日常言谈中锻炼表达能力，提升综合素质。

第一课

演讲概述

至理名言

一言而可以兴邦。

——《论语》

应知导航

（1）演讲的含义、特征、类型和作用。
（2）演讲的准备工作。
（3）巧妙地运用有声语言和身体语言使演讲更成功。

知识探究

　　有人说演讲就是说话，但能说话的人并不都会演讲，因为演讲是一种高层次的说话，是以有声语言为主、身体语言为辅的特殊艺术表现形式。只有系统地了解演讲的基本知识，掌握演讲的多种表达技巧，才能使自己的演讲水平不断提高，并逐步达到使人知、使人信、使人感动、使人赞同的演讲目的。

一、演讲的含义

　　作为一种源远流长的社会现象，演讲伴随人类文明的发展而发展。人们对演讲有不同的理解：有人说演讲就是说话，有人说演讲就是做报告，还有人说演讲就是说话加表演。可谓仁者见仁，智者见智。那么演讲究竟是什么？

　　演讲是指演讲者在一定的场合或特定的环境中，面对广大听众，抒发感情，阐述要旨，宣传和发表自己的主张、意见，以感召听众产生共鸣的演说活动。演讲作为一种社会实践活动，有的时候是为了满足活动程序上的需要，有的时候是为了传递信息、陈述观点、说明道理以求达到游说、辩解等不同的目的。

二、演讲的特征

　　演讲之所以具有重要的社会作用与较大的魅力，就是因为演讲不但具有一般有声语言的特点，而且具有与众不同的特征。

　　1. 和谐统一性

　　顾名思义，演讲需要既"讲"又"演"。"讲"即演讲者把自己的思想运用口头语言表达出来，作用于听众的听觉器官；

演讲的特征

"演"是为"讲"服务的态势语，作用于听众的视觉器官。两者要求和谐统一，给人以美的享受，但又不能平分秋色，必须以"讲"为主、以"演"为辅，两者互相交织、互相渗透、相得益彰、有机结合，才能使演讲获得成功。

　　2. 现实性

　　演讲的现实性强调演讲是演讲者通过对社会现实的判断和评价，直接向广大听众公开陈述自己的主张和看法的现实活动。具体说来，演讲的现实性包括以下 3 个方面。

　　（1）演讲具有现实针对性，即演讲主题应该是人们关心的现实问题，既包括衣、食、住、行，也包括治学、为人、处事等方面。

　　（2）演讲具有基于现实的超现实性。对理想、憧憬、太空、外星人的探讨，似乎距离现实很远，是想象中的事物，但无一不是基于现实的。

　　（3）演讲者在演讲时所流露的情感、所凭借的手段也是真实的、可信的。

3. 艺术性

演讲虽是现实活动，但也具有艺术性。演讲的艺术性在于演讲具有整体性和协调性，即演讲中的有声语言、身体语言、演示工具、场地、环境会形成一种相互依存、相互协调的美感。此外，演讲还具备戏剧、舞蹈、雕塑等艺术门类的某些特点。

4. 鼓动性

政治演讲也好，学术演讲也罢，都必须具备强烈的鼓动性。这是因为，人们多有追求真善美的渴望，演讲者传播了真善美，自然会引起共鸣，激励和鼓舞听众；演讲者以自己炽烈的感情去引发听众的感情，容易达到影响听众的目的；演讲者的形象、语言、情感、态势，以及演讲词的结构、节奏等均能抓住听众；演讲者与听众直接交流，极易感染和打动听众。

5. 工具性

演讲是人们交流思想的工具。任何思想、观点、信息，都可以借助演讲这个工具进行传播。不管何种类型的演讲，都是为达到某种目的而作，而演讲不受时间、空间的限制，随时随地都可进行。

6. 临场性

演讲是演讲者在特定的时间、空间，面对听众进行的口头语言表达活动。一般来说，演讲者不应该照本宣科地背演讲稿，而应该讲究临场发挥，也就是应该根据演讲现场的情况和听众对演讲的反应，朝着增强表情达意效果的目的，在原来准备的基础上，审时度势地对演讲的内容、结构、语言等做适当的变更，以求有效地提高演讲的感召力。

三、演讲的类型

根据不同的标准，演讲可以分为不同的类型。以内容为标准，演讲可分为政治演讲、法律演讲、学术演讲、军事演讲等。

1. 政治演讲

政治演讲是一种高度严肃的演讲，具有鲜明的思想性、严密的逻辑性和强烈的鼓动性。它是一种围绕国内外的政治问题与现实生活中人们的思想认识问题进行分析、评论，以阐明和宣传某种政治观点和主张的演讲。政府首脑的竞选演讲、施政演讲、就职辞职演讲、各级领导宣传大政方针和实施计划的演讲，以及个人在政治集会上代表一定阶级、政党或个人发表的演讲等，都属于政治演讲。好的政治演讲具有巨大的思想容量、精辟的政治见解、旗帜鲜明的立场观点。此外，好的政治演讲中的观点总是先进而健康的，符合历史发展的规律，能起到推动社会前进的积极作用。

与其他演讲相比，政治演讲要求演讲者具有严谨的逻辑性。特别是在论辩性的政治演讲中，要想获得胜利，打败同样厉害甚至更有经验的对手，演讲者必须使用严谨的逻辑、高明的策略和丰富的语言。此外，政治演讲还要求演讲者能发出强烈的鼓动力量。虽然其他类型的演讲也具有鼓动性，但政治演讲的鼓动性更加突出。

2. 法律演讲

法律演讲既包括公诉人、辩护人、诉讼代理人等在法庭上发表的演讲，也包括普及法律知识的讲座。法律演讲在增加公民的法律知识方面具有比较大的作用，其中法庭演讲对诉讼活动的结果具有直接影响。

法律演讲具有鲜明的政策性。法律演讲围绕法律展开，而法律是神圣的，是各种方针政策的条文化、定型化、规范化。法律演讲的材料必须准确。法律演讲的演讲者必须广泛地运用逻辑推理和论证。尤其是在法庭演讲中，无论是公诉人还是辩护人，都必须有确凿的证据。法律演讲讲究言辞的严密性，这是由法律和法庭本身的特点决定的。立法者在制定法律时，对每一字、每一款、每一条都斟酌再三。演讲者在法律演讲时也要注意言辞的严密性，不得使用含混模糊的词语。

3. 学术演讲

学术演讲是指演讲者就某些系统而专业的知识所做的专题讲座、学术报告和科学报告等，要求演讲内容体现科学性、系统性和独创性。这种类型的演讲主要出现在学术研讨会上、学术报告会上和高校里，对兴办教育、启迪民智具有重要的作用。

学术演讲的严谨性要求演讲者从实际出发，实事求是，搜集全面、翔实的资料，提出正确的观点。学术演讲还应具有创新性。创新是学术进步的动力，也是学术演讲必须坚持的。人云亦云是不会有突破性进展的。另外，学术演讲的语言应准确、平易，这是由它的严谨性和创新性决定的。准确的语言有助于确切地表达内容、阐述观点。在学术演讲中，演讲者不可避免地要用到一些专业术语。对于一般听众来说，这些专业术语可能会显得晦涩难懂，这就要求演讲者改用平易、形象、有趣的语言阐述专业语言和学术观点。在进行学术演讲时，为了达到更好的效果，演讲者还可以借助多种多样的辅助手段，如幻灯片、录音、录像、板书、实物等，使深奥、抽象的知识形象化、具体化。

4. 军事演讲

军事演讲即以军事信息为中心内容的演讲，常用于战前誓师、战地鼓气、战后庆功等，具有战斗性和即时性。军事演讲按表达方式划分，可分为叙事型、议论型和抒情型三种。军事演讲具有如下鲜明特性。

首先，军事演讲的目的之一是唤起紧迫感，因此极富鼓动性。军人本身就是一个极具团结性的群体，有着共同而强烈的群体意识，军队首领发表的讲话带有很强的命令性，这就使军事演讲具有极强的号召力和鼓动性。其次，军事演讲一般是在军事双方的矛盾到达白热化的情况下进行的，故而感情直白显露，立场鲜明，语言简洁有力、掷地有声。最后，出于军事的特性，军事演讲一般具有即时性和隐秘性。尤其是战前演讲，须紧密配合军事行动进行，

以有效地为军事行动服务。军事演讲要在一定的时间和范围内进行，具有一定的隐秘性。

四、演讲的作用

演讲作为一种现实活动，之所以越来越重要，是因为它有着不可估量的社会作用和社会价值。

1. 对演讲者的作用

（1）促进自我成才。演讲家并不是天生的，需要后天的学习和钻研。俗话说："台上一分钟，台下十年功。"演讲者在舞台上口若悬河、滔滔不绝的时候，人们会对其悦耳的声音、和谐的语调及优美的仪态赞叹不已。一个人要想达到这样的演讲水平，就必须在台下努力学习和钻研，以便具备站在时代前沿的精深思想、渊博的学识、丰富的阅历。此外，他还必须具备敏锐的观察能力、敏捷的思维能力、准确的判断能力、迅速的应变能力和较强的记忆能力，这更需要他在台下狠下功夫。

一个演讲者如果想在公众面前表现出色，就必须加倍努力地学习，磨炼自己的意志，增加自己的学识、智慧，增长自己的才能。所以说，演讲可以促进个人成才。

（2）提高社交能力，建立良好的人际关系。演讲者在长期学习和钻研中掌握的本领，不但可以让他们在舞台上展现自己的文雅举止和出众口才，而且可以让他们具备丰富的学识、较强的应变能力、良好的修养，从而能够迅速、有效、顺利地进行人际交往和沟通。此外，演讲者通过演讲活动可以接触到不同地域、不同行业、不同年龄，乃至不同文化背景的人士，有利于扩大自己的社交圈。

2. 对社会的作用

（1）引导正确的舆论，促进社会文明发展。在人类的文明史中，演讲历来是真善美与假恶丑斗争的主要工具之一。古今中外一切正义的演讲家，都是以演讲为武器来宣传真理、唤醒民众、推动社会进步的。演讲可以启迪人心、传播文化、宣传真理、祛邪扶正，把人类社会推向理想境界。

（2）培养高尚的情感，促进人类的文明建设。古今中外一切正义的演讲家在演讲时，总是用高尚的情感感染和影响听众，从而激发听众的情感，包括爱国主义情感、集体主义情感等。

（3）唤起听众的行动和实践。一次成功的演讲，除了能够启迪人心、传播文化、培养高尚的情感外，还应能够唤起听众的斗志，使之投身改造主客观世界的社会活动。

当然，一切成功的演讲必须引导听众采取正确的行动，所以每位演讲者都应当刻意追求这种引导作用，使演讲产生一定的现实意义和历史价值。

五、演讲的准备工作

成功的演讲是以周密的准备为基础的。有人曾感慨，即使最有实力的人，如果缺乏周密的准备，也没有办法进行系统、条理清晰的演讲。

（一）全面分析听众

演讲者要想演讲成功，获得预期的效果，就必须树立牢固的听众意识。不同于交谈等语言交际活动，演讲是以演讲者为中心，偏重话语的单向交流，听众一般很少有发言机会。演讲者如果事先不进行调查研究，不了解听众，就很难获得听众的认同和赞许。

演讲者必须事先了解听众的意愿和需求，以便有针对性地做好确定主题、选择材料等准备活动。听众的意愿和需求大致为慕名、求知等。演讲者还要从年龄、性别、教育水平、职业等方面分析听众，以便针对不同类型的听众采用不同的演讲方法与技巧。

（二）确定演讲目的

任何演讲内容都要受到演讲目的的制约。常见的演讲目的有告知、说服、娱乐等。演讲者在准备演讲提纲时，应当明确演讲目的。

（三）完善演讲内容

常言道"有备无患"，演讲者只有对演讲内容进行不断完善，才能获得预期的效果。在演讲内容还没有准备好时，演讲者如果仓促登台，面对众多的听众，就容易出现紧张、不自然甚至开口忘词的现象。那些成功的演讲家在演讲前会对演讲内容反复推敲、精心准备。演讲者心中已有"雄兵百万"时，自然就会具有登台演讲的信心和勇气。

1. 确定演讲的主题

没有合适、集中而明确的主题，演讲就没有灵魂，即使演讲者讲得天花乱坠，也不会让人闻之有趣，得其要领。

（1）选择主题。选择主题就是选择演讲所要阐述的主要问题，即"讲什么"。要把主题选好，必须遵循以下两条基本原则。

① 需要性原则，即演讲者要选择听众关注的现实问题作为主题。一篇生动、有价值的演讲应帮助听众弄清社会现实中的复杂现象，以便其想出解决方案。

② 适合性原则，即演讲者要选择那些适合自己、演讲听众、演讲时间和演讲场合的主题。主题是对客观现实的反映。演讲者如果不考虑听众的年龄、身份、教育背景、思想修养、职业特点、阅历、意愿和需求，不考虑规定的演讲时间，不考虑演讲的场合和环境，即使选择的主题再好，也无法获得演讲成功。

只有同时遵循需要性和适合性这两个原则，才能把主题选好、选准。

首先，演讲的主题要适合演讲者自己。

精选案例

中国科学院院士、植物遗传育种学家谢华安在 2022 年央视节目《开学第一课》中讲述了一粒种子的故事。他在演讲中突出育种生活的艰苦，凸显奋斗的艰难历程，烘托"奋斗成就梦想"的主题，最后讲述他培育出优良品种，让农民丰产丰收，解决了人多地少的矛盾，体会到了成功后的喜悦。以下是他的演讲词（有改动）。

在这里，我先问同学们一个问题："大家懂'饿'吗？"我懂。我从小就是饿着长大的。我印象最深的一次是我的外婆想吃一碗稀饭。同学们，她的要求是什么？一碗稀饭啊！就是这小小的要求，她都得不到。所以我从小就懂得一碗饭是多么重要。长大后，我就想为大家有一碗饭吃这个梦想而努力。我考了农业学校，我就想通过我的学习为农民增收做出自己的贡献。后来，我又去了海南岛育种。

海南岛的冬天是温暖的。冬季多种一季，那我一年就可以种两季水稻了，这就像加速器一样推动了整个科研的活动。全国的几十万科技工作者，都到过海南岛。当时的交通不像今天这么便利，生活也很艰苦。哎呀，热带的地方老鼠多！第一年，我们整好地，播下种子，插好秧苗。可是，晚上老鼠到处闯，出来要吃稻谷。我们打开手电筒，拿着竹棍，沿着田埂四周走，一直守到天亮。第二年，我用薄膜把种子区域围起来，谁料老鼠会跑到田埂高处，往薄膜里跳。这一跳很糟糕，第二天我们一看，满田都是老鼠印，种子被它们踩得一塌糊涂。

南繁育种基地的条件是很艰苦的，我们不但要跟天斗跟地斗，还要跟老鼠斗。但全国的科技工作者在那么艰苦的环境下，坚持几十年，为我国农作物的育种做出了极大的贡献。我已经在海南岛工作了 50 年。我一直很自豪，南繁育种基地成就了我的梦想，我育成了"汕优 63"。我们国家的人口占了世界近 20%，耕地面积却占 9%。我们能够年年丰收，靠的是优良的品种。我今天在这里给同学们讲述一粒种子的故事，是想让大家了解，种子就是农业的"芯片"。一粒好的种子，一个好品种，得来是多么不容易。所以，我们大家要有一个奋斗的精神，我希望大家都做勇于奋斗的一代新人！

其次，演讲的主题要适合听众。

精选案例

1916 年 12 月 15 日，梁启超在南洋公学演讲后，晚上又到上海青年会演讲。听讲对象主要为青年学子，他选择的题目是"人格之养成"。

1922 年 11 月，梁启超应邀为一所女子师范学校的师生演讲，他选择的题目是"人权与女权"。

1924 年 6 月，梁启超应邀为清华学校演讲。他选择的题目是"怎样的涵养品格和磨炼智慧"。

　　梁启超是学贯中西的著名学者，对许多问题都有精深的研究。对于他来说，"确有研究"的话题很多，而他十分注重遵循选择性原则和适合性原则，根据不同的听众选择听众感兴趣的主题。

　　最后，演讲的主题要适合特定的场合和时间。

精选案例

　　文物收藏家邓老先生先后分3批向某市博物馆捐赠文物1300多件。在他的七十大寿寿宴上，面对前来拜寿的众多文物鉴赏家、教授、学者，一位市领导代表受赠单位，同时作为邓老先生的朋友做了以下即兴演讲。

　　今天我想用两个名句形容邓老先生："大德必寿""美意延年"。它们的意思是有高尚品德的人会长寿；心情愉快就能延年益寿。养生不仅是一种健身手段，还是一种人生哲学……邓老先生平时自称"五乐老人"，"五乐"即助人为乐、知足常乐、自得其乐、与众同乐、苦中寻乐。我认为，您应再加上"一乐"——为善最乐。您是"六乐"老人！

　　（2）明确主题。主题是演讲者在演讲中所要表达的中心思想或基本观点。它体现了演讲者对所阐述问题的总体性看法，是整个演讲的灵魂和统帅。

　　为了使演讲真正起到教育听众、鼓舞听众的作用，演讲的主题必须正向、鲜明、深刻、新颖。

　　（3）确定标题。标题不同于主题，它是对演讲内容的浓缩和高度概括，是演讲不可缺少的部分，是演讲的"眉目"。好的标题，不仅能给人留下深刻的印象，引起听众浓厚的兴趣，还能为听众指明正确的方向，为演讲的顺利进行创造条件。

　　确定标题时要注意以下几点。

　　① 揭示主题。标题的含义要清楚，与内容吻合，能概括演讲的基本内容或揭示主题，不可文不对题。

　　② 新奇醒目。标题的字数不宜过多，用语应力求新奇醒目。新奇醒目就是富有吸引力，使听众产生想听的心理。新奇醒目不等于晦涩深奥、艰深难懂，晦涩深奥、艰深难懂的话题会使听众感到沉闷，激不起听众的兴趣。

　　③ 富有启迪。标题要有时代精神，适应现实要求，令人鼓舞，催人奋进；要耐人寻味，富有启迪，能抓住听众渴望聆听的急切心情。同时，标题要饱含情感，爱憎分明，能引起听众情感上的共鸣。

　　2. 熟记演讲稿

　　演讲虽是演与讲的统一体，但须以讲的内容为主，以演的形式为辅。要做一次成功的演讲，演讲者把演讲稿写成后，必须把演讲稿记熟。

想熟记演讲稿，演讲者通常需要做到以下三步。

识读。识读即阅读，要求演讲者大体了解演讲稿的整体与细节，掌握例证阐述的细节，包括引述的事实、名人名言等，尤其要记牢数字。识读的意义不仅在于读熟，还在于理解。演讲者只有深刻理解了演讲稿的逻辑关系，才能把握整个演讲的内容、结构和中心思想，进而在理解的基础上进行记忆。

响读。响读即高声朗读，对熟悉和记忆演讲稿非常有帮助。朱熹说过，凡读书，需要读得字字响亮，不可误一字，不可牵强暗记，而且要"逐句玩味""反复精读"。

情读。情读是指演讲者在理解、感受演讲稿情调的前提下，感情丰富地朗读演讲稿。强烈而真实的感情能加深记忆。演讲稿的语言常常具有浓厚的感情色彩，能唤起演讲者喜怒哀乐的情感，从而在声调、音量、语速等方面得到体现。

但是情读一定要注意适度和真实，因为演讲中忌讳毫无节制地宣泄感情。缺乏控制的感情抒发，会令人产生厌恶感；虚伪的感情表演，会丧失听众的信任。

3. 反复试讲

从记熟演讲稿到演讲获得圆满成功，有一段很长的距离，试讲便是其中一个重要的环节。通过模拟现场进行试讲，演讲者能及时发现自己在演讲过程中出现的疏漏，以便采取相应的措施；能进一步巩固演讲的内容，使自己的演讲更顺畅、纯熟和动人。应该说，试讲的过程就是演讲者把自己记忆中的演讲词外化的过程，是使无声的语言变成抑扬顿挫的有声语言和恰当得体的身体语言的过程。

试讲的方法很多，演讲者可以对着村庄和成行的庄稼反复练习，也可以对着镜子反复琢磨，还可以对着亲朋好友反复斟酌。总之，演讲者要通过试讲突出自己演讲的优点，发现并改正自己演讲的弱点，力求在真正的演讲中做到语言规范、口齿清晰、仪态端庄。

（四）做好充分的心理准备

演讲不仅是对演讲者思想、文化、知识、表达能力的考验，还是对演讲者心理素质的严峻考验。良好的心理素质可以帮助演讲者获得演讲的成功，而心理素质差的演讲者也许还没有登场就已经败下阵来。因此，培养良好的心理素质，是演讲者获得演讲成功的先决条件。

1. 演讲者应具备的心理素质

演讲心理指的就是演讲者对演讲实践这个客体的反应和感受，是演讲者在进行演讲实践时所必然产生的心理活动和必然经历的心理体验。

演讲者须具备以下心理素质。

（1）求真的心理素质。黑格尔在其著作《美学》中表示："一篇演讲的真正的感动力并不在于演讲当前所针对的那个目的（个别具体事例），而在个别事例可以纳入的法律、规则、原则之类普遍规范。这些规范作为国家的现行法，或是作为伦理的、法律的或宗教的箴规、情操、教义等等，原已采取普遍的形式而独立存在。"

黑格尔所说的"真正的感动力"是一种可以纳入、导致、引出"普遍规范"的"普遍的形式而独立存在"，是普遍规律的东西，也就是真理。

追求真理应该是每一个演讲者在演讲中追求的目的，因为只有追求真理、弘扬真理的演讲才是最具生命力的演讲，才会是名垂青史的演讲。恩格斯的《在马克思墓前的讲话》如此，林肯的《葛底斯堡演讲》如此，闻一多的《最后一次讲演》也是如此。这些都是演讲者追求真理的结果。他们如果没有追求真理的思想品质、良好的心理素质，那么要想产生这些名垂青史的传世之作是不可能的。

（2）创作上的心理素质。创作上的心理素质大体说来有两大方面，一是形象思维和逻辑思维；二是联想与想象。

逻辑思维在演讲创作中占主导地位，演讲者要通过自己的创作说明问题、解决问题，最后昭示给听众的不是形象的道理而是抽象的道理，因此，演讲词在文体上更像是论说文或议论文。

联想与想象可以让演讲创作得到升华，让演讲主题更深刻，让思维材料更丰富，让演讲构思更灵活。

（3）表达上的心理素质。有了演讲的动机，进行了演讲的创作，接下来需要做的就是演讲的表达，也就是把演讲推入最后的实施阶段。这一时期对演讲者心理素质的考验更为严峻。演讲者一般要做好以下心理准备。

① 克服怯场。怯场是人人都有过的经历，许多著名的演讲家在初登舞台时也是心口发慌，两腿发抖。古罗马的雄辩家西塞罗曾在一次演讲后说，演讲一开始，他就感到自己面色苍白，四肢和整个心灵都在颤抖。要知道，演讲是人人都可以做到的。演讲者只要鼓起勇气、勇敢登台，就已向成功迈出了第一步，离胜利不远了。

② 情绪饱满地登台演讲。好的演讲者会在登台演讲前把自己的情绪调整到最佳状态，带着饱满的情绪登台演讲。饱满的情绪能吸引听众、感染听众、打动听众，因此演讲者在登台前，一定要调整好自己的状态，给听众留下良好的第一印象，让听众对自己的演讲充满信心。

③ 学会与听众沟通。演讲是一种双向交流，因此演讲者在登台后，要学会与听众交流，随时注意听众的反馈信息，并根据这些反馈信息及时调整自己的演讲内容。只有如此，演讲者的演讲才会是适时的、得体的，也才会是成功的。

2. 克服演讲的恐惧心理

恐惧心理是演讲顺利进行的最大障碍。对于克服当众怕羞的心理，卡耐基给出这样的经验："你要假设听众都欠你的钱，正要求你多宽限几天；你是神气的债主，根本不用怕他们。"

恐惧心理是每一个人在公共场合讲话时常出现的正常心理反应。常见的恐惧心理主要由如下两个原因引起。

（1）担心材料准备得不够充分。这是十分容易克服的恐惧，因为演讲者完全可以做好充分的准备工作。演讲者如果已经将演讲主题研究透彻，自然就不会对此感到害怕。演讲者可以从以下几个方面入手克服这种恐惧心理。

① 仔细组织演讲。内容准备得越充分，信心就越足。一遍一遍地起草和重新加工演讲稿，可以确保演讲既有趣又有意义。

② 尝试新事物。资历越老的演讲者往往越害怕尝试新鲜的事物，如拒绝改掉总是十分奏效的开场白，拒绝添加还未经过测试的新材料等。尝试新事物也易收到意想不到的效果，所以演讲者不应让恐惧阻碍自己尝试那些有助于改善演讲效果的新事物。

③ 熟能生巧。一位伟大的钢琴演奏家说过："如果我一天不练，只有我自己知道；如果我两天不练，我的批评家们知道；可是如果我错过了三天的练习，那么观众就全都知道了。"演讲也是如此，演讲中的每一分钟都需要演讲者付出一小时甚至更多的练习时间。演讲者应学会在不同的环境和不同的时间段里使用不同的演示技巧。

（2）担心遭遇尴尬场面。许多人害怕站起来讲话，是因为他们害怕自己遭遇尴尬场面，如会结结巴巴，会忘掉关键信息。

其实，听众能够理解遭遇尴尬场面的演讲者，甚至还会用掌声鼓励他们。听众此时想知道的恰恰是演讲者怎样巧妙地化解尴尬。

精选案例

一位演讲者在谈到克服演讲的恐惧心理时，说了以下几段话。

演讲者的最大恐惧就是，当他们站在听众面前时，却未察觉到自己的衣服没有整理好。我想，还好，我应该不用操心这个问题。

两个月后，我上台做一场演讲。演讲进行一个小时后，听众里的一位男士向我打手势说："你的衣服没有整理好。"我的脸一下子红得好像西红柿，而且我不知道该怎么办。随后我发现了角落里的一块白板。于是我赶紧溜到白板后面。整理好衣服后，我转身回到舞台中央，张开双手说："我回来了！"听众对此十分欣赏。

只要我能够正视这一时刻，他们就会相信我能够处理好其他一切可能发生的事情。听众之所以信任你，是因为当你站在他们面前的时候，你就是他们的领袖。他们希望你照顾他们。如果你在某些小问题上失败了，他们可以理解你，但他们不希望领袖辜负他们的期望。"

六、演讲的表达技巧

演讲的表达手段主要有有声语言、身体语言和主体形象。下面从这三个方面分别介绍演讲的表达技巧。

（一）有声语言表达

有声语言是人们交流思想、表达情感、传递信息的工具。有声语言的运用情况会直接影响演讲的社会效果。所以要想提高演讲的质量，演讲者就必须研究和掌握有声语言的特点。

1. 准确性

演讲者使用的有声语言一定要能确切、清晰地表达出演讲者所要讲述的事实和思想，并揭示出它们的本质和联系。只有准确的有声语言才具有科学性，才能逼真地反映出现实面貌和思想实际，才能被听众接受，达到宣传、教育、影响听众的目的。

2. 简洁性

演讲者在演讲时要以最少的有声语言表达出最多的内容。因此演讲者必须认真思考自己要讲的内容，弄清道理，抓住要点，明确中心。演讲者如果事前把这些完成了，就不至于在演讲时拖泥带水。此外，演讲者还要注意对文字的锤炼和推敲，并做到精益求精，一字不多，一字不少。

精选案例

飞机发明者莱特兄弟是一对善于思索又刻苦钻研的兄弟，却不善交际。在某个盛宴上，主持者请莱特兄弟发表演讲，他们一再推辞，但盛情难却。最后，他们用这样一句话博得了与会者长时间的掌声："据我所知，鸟类中会说话的只有鹦鹉，而鹦鹉是飞不高的。"

（二）身体语言表达

相比听录音，人们更喜欢听演讲，这是因为，虽然演讲以有声语言为主，但优美、得体的身体语言对感情的表达也起着重要的辅助作用，它既可有效地提高口语表达的准确性，也能吸引听众的注意力。因此，准确、适当地运用身体语言，是演讲者必须掌握的一项基本功。

1. 学会运用眼神

演讲者要学会运用眼神和听众交流，去启示、引导听众，从而加深听众对演讲内容的理解。但演讲者的眼神一定要随着演讲内容和感情的变化而变化，因为每一种眼神都有其固定的含义，运用不当就会产生反效果。

演讲者在演讲中切忌从始至终运用一种眼神，否则会给人留下呆滞、麻木的感觉。当然，眼睛也不能毫无目的地乱转，仰视屋顶、偷看评委、死盯讲稿都是错误的。

运用眼神的方法主要有以下五种。

（1）前视法：视线平直向前流动的方法。

（2）环视法：用眼睛环视听众的方法。

（3）点视法：把视线集中到某一点或某一方面的方法。

（4）斜视法：向左或向右移动眼珠的方法。

（5）虚视法：似看非看的方法。

小贴士

眼神交流的实用技巧

（1）演讲者一上台就环视四周，扫视全场，或点视、凝视某物、某人。

（2）在演讲的过程中，演讲者要用变化的眼神来表达自己内在的丰富感情。例如：讲到高兴处，就睁开眼，让它散发出兴奋的光芒；讲到哀伤处，可让眼皮下垂，使这种感情显露出来；讲到愤怒处，可瞪大眼睛，固定眼珠，让眼睛射出逼人的光芒；讲到愉快处，可松开眉眼，让眼神充满令人喜悦的光彩。

（3）在整个演讲过程中，演讲者一般会先目光平视，再根据内容需要调整视线，或近或远，或轮转环视，或用询问的眼神与某一个听众交流，或用亲切、友好的目光寻求听众的支持。

2. 学会运用体态语

体态是指演讲者的身体姿态和身体动作。它也是一种塑造演讲者形象、辅助有声语言传情达意的无声语言。演讲者的体态主要由演讲者的头部语、面部语、身姿语和手势语组成。

（1）头部语。头部是演讲者的形象主体，是听众目光的焦点。头正、目光亲切自然、发声方向略高于视平线，是对演讲者头部的基本要求。但是，在不同的语言情境中，演讲者的头部应呈现出不同的形态。

（2）面部语。俗话说"出门观天色，进门看脸色"，人的面部可以反映出内心的变化和情绪，如气愤时脸色苍白，激动时面部涨红，高兴时笑逐颜开，得意时容光焕发，失意时满脸阴沉。心理学家指出，一个人心里的每一个活动都在他的脸上表现、刻画得很清晰、很明显。因此，演讲者在演讲时应该通过积极的调节、控制，使面部表情准确、自然、恰当地体现自己丰富的感情，使听众准确领会。

（3）身姿语。身姿语是一种通过身体姿态的变化来传情达意的无声语言。它包括站姿语、坐姿语、步姿语等。

① 站姿语。站姿语是一种常见的演讲体态语，是一种通过站立的姿态传情达意的无声语言。标准的站姿是全身挺直，挺胸收腹，精神饱满，两肩平齐，双腿绷直。

② 坐姿语。坐姿语也是一种常见的演讲体态语。坐姿分为严肃性坐姿和随意性坐姿两种。不同的环境需要演讲者采用不同的坐姿：在一些严肃的场合可采用严肃性坐姿；在一些非严肃的场合可采用随意性坐姿。

③ 步姿语。步姿语是一种通过步态的变化来传递信息的无声语言。一般情况下，演讲者登台做演讲时，要用"庄重礼仪"型，即行走时，上身挺直，步伐矫健，双膝弯曲度小，步子的幅度、速度要适中。如果演讲大受欢迎，演讲者也可换用"稳重自得"型，即行走时步履稳健，昂首阔步，步伐较缓，幅度较大。

（4）手势语。手势是指从肩部到指尖的各种活动，包括手臂、肘、腕、掌、指的各种协调动作。手势语是演讲者运用手臂、肘、腕、掌、指的动作变化来表达思想感情的态势语言。手势所表达的思想感情，是由手臂、肘、腕、掌、指活动的范围、方向、幅度、形状等来决定的。

① 运用手势语的要求。手势并没有什么统一规定，也无须做专门的训练。手势不在于多，而在于简练，在于有表现力。因此，一个优秀的演讲者既要注意培养和加强这种表现力，又要适当控制这种表现力。

手势还需要自然协调，符合演讲内容的需要，符合听众的文化心理需要，符合演讲者的身份和性格特征。恰如其分、和谐得体就是自然。与演讲者的表情配合、与有声语言同步、与其他动作保持一致，不生硬、不粗俗、不琐屑，这就是协调。自然协调是一种美。

② 手势活动的范围。手势活动的范围大体分为以下三个区间。

肩部以上为上区手势，表示积极向上或激昂。例如，讲到激动处，演讲者常常会双手向上举甚至挥动拳头。

肩部到腹部为中区手势，表示客观冷静。例如，叙述一件事、分析一个道理时，演讲者的手常常会在胸前出现。

腹部以下为下区手势，表示鄙夷、厌恶、决裂。例如，当讲到"我们须与一切没落的、腐朽的思想决裂"时，演讲者会做出一个往下劈的手势。

③ 手势活动的形式。手势活动的形式是由手指和手掌构成的各种不同的手形。演讲中常见的手形有以下几类。

指法——由手指构成不同的形状，用以表达不同的含义。

知识拓展

指法的种类

（1）食指法：伸直食指，向上或向下指时，起强调作用，常用来强调话题所涉及的人和物；向前指，特别是指向听众中的某个人时，表示说话有针对性，且有一定的威胁意味。

（2）拇指法：跷起拇指，表示和好、赞许；向鼻前翘，表示自我认可；向前或向后翘，表示夸奖他人。

（3）啄指法：互相啄紧，构成两种手势。一是五指接触，啄成一团，向内，表示反复强调重点；二是指尖不接触，向外，表示不是泛泛而谈，而是有某种针对性。

（4）叉指法：手指伸直叉开，可叉两指，也可叉三指或四指，一般用来表示数字。

（5）抓指法：五指僵硬地弯曲，呈爪状，表示力图控制全场，吸引听众。

掌法——由手掌运动的不同方向构成不同的形状，用以表达不同的含义。

知识拓展

掌法的种类

（1）伸掌：五指合拢，手掌平伸。掌心向上，表示征求意见；掌心向下，表示平复听众的情绪，制止某种行为的发生；掌心向前，表示回避；掌心向内并向胸前缩拢或向外推，表示抚慰；掌心向上后向外，即摊开双手，表示希望听众理解。

（2）劈掌：手掌挺直展开并向下劈，表示下决心解决急于解决的问题。

（3）合掌：双手慢慢合拢，一只手搭在另一只手上，表示有必胜的把握。

拳法——由拳头运动的方式构成的手势，用以表达不同的含义。

拳头向上摆动，说明演讲者不允许听众持有怀疑的态度；拳头向上举，是一种挑衅性的动作。

（三）主体形象的表达

在一般人看来，演讲者的形象是小事一桩，不值一提。然而，在演讲中因小失大的事经常发生：身着西装、脚蹬旅游鞋上场使听众摇头者有之，下场时呈逃跑状引起听众哄笑者有之；紧张时吐舌翻眼使听众鼓倒掌者有之……演讲者的形象不佳，势必会影响演讲效果，因此演讲者应该注意自己的形象。

1. 修饰仪表

仪表就是演讲者的容貌、着装，包括长相、妆容及服饰等，主要是指演讲者的外部特征。

（1）容貌要端庄。演讲者在大众面前应是整洁、大方、美的体现者。男士要将头发梳理整齐，将胡须修理干净；女士要化妆得体，切不可浓妆艳抹，点缀过多。

（2）着装要得体。

① 与演讲内容相匹配。演讲者的着装要和演讲内容的基调协调一致。

② 与外形相匹配。演讲者的着装要和自己的肤色、体形、年龄相适应。

③ 与气质相匹配。演讲者的着装要和自己的气质、性格及职业相吻合。好动的人可借助蓝色增加静的感觉；沉稳的人可借助亮色增加活力；一些职业从业者（如警察、税务人员、军人、护士等）在不违反规定的情况下可借助职业装显示对自己工作的热爱。

④ 与特殊情境相匹配。在建筑工地或抗洪第一线等特殊情境下进行即兴演讲时，演讲者穿着带有泥水的工作服要比穿着笔挺的西装更有感染力。

⑤ 和谐统一的美感。所谓和谐统一，一是指服装和鞋子要配套；二是指上装和下装从款式到颜色要和谐；三是指装饰物要和服饰及人物身份统一。

2. 展现风度

风度是指通过言谈、举止、仪表所表现出来的个人风格和气度。风度虽然同样是从某些外部特征表现出来的，却是一个人的精神气质、文化修养、禀赋等诸因素的外化。

仪表端庄，是对行为举止的基本要求，风度翩翩是对行为举止的更高要求。相较于仪表，风度更内在、更高雅，内涵也更丰富。

3. 注重礼仪

礼仪是指演讲者在整个演讲过程中表现出来的对听众的礼节。

（1）进入会场的礼仪。演讲者要大大方方地入场，并在组织者指定的地方落座，既不要东张西望，也不要与熟人打招呼、握手。演讲者不要随便换位，更不要向组织者提一些不该提的要求。候场时，演讲者要集中精神听主持人讲话或听其他选手演讲，不能躲到一边看稿或同其他人说笑或私语，这是对他人起码的尊重。

（2）走上舞台的礼仪。走上舞台时，演讲者要迈着稳健有力的步子，边走边向听众微笑示意。走路时，演讲者要保持上身平稳，不紧不慢，目视前方，双手自然摆动。面向听众站好后，演讲者不要着急讲，要正面扫视全场，微笑着用目光同听众进行交流，再以诚恳、恭敬的态度向听众敬礼。应当注意的是，敬礼既不用伸长下巴蜻蜓点水式地点头，也无须弯腰90°，不及与过度都会显得不真诚。

（3）结束演讲的礼仪。下场时，演讲者要面向听众敬礼，然后和上台一样，从容镇定，千万不要因为终于讲完了就慌慌张张地跑下台，也不要晃晃悠悠地走，更不要画蛇添足，在掌声之后还停留在台上像演员谢幕那样边说谢谢边不断向听众挥手。

精选案例

海南大学园艺系毕业的黄奕予放弃了到大城市发展的机会，毅然回到家乡创业，种起了名贵果树，养起了生态鹅，并成立了种养专业合作社，既实现了个人创收，也带领乡亲走上致富路；湖南省湘西土家族苗族自治州花垣县十八洞村的"90后"女孩施林娇作为创业青年，在家乡利用个人才华与知识，帮助村民售卖农产品，实现了个人价值；广东的陈海涛放下原本的生意，回到家乡西塘村，抓住美丽乡村建设这一机遇，将动漫元素融入民宿，打造特色产业，实现了"农村变靓、农民增收"。

乡村是家，乡村是归宿，我们要用我们的智慧在乡村中奋斗，在奋斗中成长。青春种在家乡定会开出不一样的花。

（1）什么是演讲？按不同的标准划分，演讲有哪些类型？

（2）演讲的心理准备包括哪些具体内容？

（3）演讲的表达技巧包含哪些方面？请具体说明。

第二课

演讲稿

至理名言

演讲稿是论文的结构、新闻的真实、小说的语言、诗歌的激情、散文的取材、戏剧的安排、相声的幽默。

——高振远

应知导航

（1）了解演讲稿对于演讲成功的重要作用。

（2）写好演讲稿。

知识探究

演讲稿是指演讲者在较隆重的仪式上和某些公众场所发表的讲话文稿。演讲稿是演讲的依据，是对演讲内容和形式的规范和提示，体现了演讲的目的和手段。

一、演讲稿的特点、作用及写作要求

（一）演讲稿的特点

1. 针对性

演讲作为一种现实活动，以思想、感情、事例和理论来晓谕听众、打动听众、征服听众，具有现实针对性。故而，演讲稿也应具有针对性。

所谓针对性，首先是演讲者提出的问题应是听众关心的问题，评论和论辩要有雄辩的逻辑力量，要让听众接受并心悦诚服，这样才能起到应有的社会效果；其次是演讲者要懂得听众有不同的对象和不同的层次，公众场合也有不同的类型，在写作时要根据不同听众和不同场合，设计不同的演讲内容。

演讲稿的特点与作用

2. 可讲性和可听性

演讲主要是通过有声语言来传播信息的，而且对于听众来说，演讲者的有声语言稍纵即逝，几乎没有时间仔细领会其含义。因此，演讲稿要写得口语化，做到通俗易懂、深入浅出，使之讲起来上口、听起来入耳。一篇好的演讲稿对演讲者来说要可讲；对听众来说应好听。因此，在演讲稿写成后，演讲者应通过试讲或默念的方式加以检查，凡是讲不顺口之处，均应修改与调整。

3. 鼓动性

演讲是一门艺术。好的演讲自有一种激发听众情绪、赢得听众好感的鼓动性。要做到这一点，演讲者就要不断地完善演讲稿，使之思想内容丰富、深刻，见解精辟，有独到之处，发人深省，语言表达形象、生动，富有感染力。如果演讲稿写得平淡无味、毫无新意，演讲者即使在现场"演"得再卖力，也无法取得理想效果。

4. 可变性

一般文章经最后定稿，发表后便不可改动了。而演讲稿无论准备得多么充分，在演讲前都不能最后定稿，因为演讲者在演讲时要根据现场的实际情况对演讲稿做相应的改动，以便掌握演讲的主动权。所以有经验的演讲者在写作演讲稿时，都会预估听众的多种反应，并尽可能地做出几种准备方案。

（二）演讲稿的作用

1. 保证演讲目的的实现

演讲的目的是指演讲者向听众宣传自己的观点并力争使听众接受。

演讲者在写演讲稿时应首先考虑怎样使演讲为听众所接受（这是收到效果、达到目的的基础），其次考虑怎样使演讲具有科学性、逻辑性、说服力和感染力（这是令听众接受和承认的不可缺少的条件）；最后考虑怎样使演讲具有深刻而动人的内容（这是使听众赞同、信服的根基）。

只有拥有了准备充分的演讲稿，演讲者在演讲时才能做到有的放矢、立论坚实，才能顺应听众的心理，按照规范和提示，做出恰到好处的临场发挥，达到预期的目的。

2. 形成演讲者演讲思维模式的关键

演讲稿写作对演讲者形成演讲思维模式起关键作用。这个作用可从一般和特殊两个方面来看。从一般方面看，写演讲稿是为参加演讲活动所做的准备；

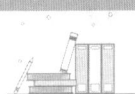

从特殊方面看，写演讲稿能为以后的演讲打下坚实的基础。

总之，演讲稿写作所需要的也正是它所能给予人的——它需要演讲者形成演讲思维模式，即能加工、处理构成演讲的各种要素并使之相互关联及容纳万事万物于演讲范畴和轨道之中，且符合演讲要求的那种思考能力和方式、方法。这种能力和方式、方法是演讲者在演讲稿写作实践中形成和练就的，所以说演讲稿写作对演讲者形成演讲思维模式起着关键作用。

3. 演讲前练习的依据

演讲稿写成后，演讲者便可进行讲前练习。对于演讲新手来说，讲前练习尤为重要。试讲，反复默记，进一步琢磨、补充，都要以演讲稿为底本。进行演讲时，演讲者应将演讲稿搁置一旁，不要念或背诵。以念代讲，会使听众厌烦。演讲者对所讲内容烂熟于心，又有讲稿作为依据，在演讲时就能对所讲的层次、纲目及演讲时间有所控制。除非思考得比较成熟，演讲者一般勿做超出讲稿的临场发挥，以免感情突破理智的控制，造成俗话所说的"走火"。

（三）演讲稿的写作要求

演讲者不仅要顾及时空限制，充分考虑听众的心理、环境的影响及演讲的种种反馈等因素，还要讲究临场的听讲效果。演讲稿与其他理论文章相比，往往具有更大的灵活性，应能伸能缩，可增可减，具有较强的应变性。

1. 对象明确，针对性强

弹琴要看听众，写演讲稿也要看对象。不看对象，无的放矢，演讲稿就没有针对性。演讲稿的内容、风格要根据对象、场合，甚至演讲者本人的特定情况而定。

2. 主题要鲜明、集中

一篇好的演讲稿，在阐述个人主张、见解和看法时，态度要明朗，观点要鲜明；应自始至终围绕一个中心阐述观点，不搞多中心。只有这样，才能够吸引听众，给听众留下深刻的印象。

3. 感情要真挚、饱满

评判演讲的效果如何，一方面要看演讲者对听众迫切需要解决的问题回答得如何；另一方面要看演讲者用什么态度、感情去回答和解决这些问题。演讲者是端起架子，板着面孔在听众面前说教，还是推心置腹，以真情打动听众，这是一个非常重要的问题。演讲者如果不讲真话，就必然得不到听众的信任。虚情假意的说教，永远都不能说服听众。反之，讲真实思想，以真换真，以诚对诚，才能够沟通思想，产生共鸣。感情不仅要真挚，而且应当饱满，也就是说，真实思想通过饱满的爱憎感情表现出来，才能收到以情动人的演讲效果。对于一篇呼吁性的演讲稿，演讲者就要注意鼓动性、抒情性；对于一篇劝导性的演讲稿，演讲者就要注意逻辑性、论证性，两者结合则更好。

4. 事例要典型、新鲜

演讲稿只靠抽象说理，很难打动人；有事例但不典型，或事例典型但缺乏新鲜感，同样不能吸引听众。初学者常常犯这种错误。实践证明，有经验的演讲者在准备演讲时，总是能够围绕演讲中心，选取足够典型、新鲜的事例，选取发人深省、具有哲理性的名言警句和有说服力的统计数字等来阐述自己的观点和主张。这样做才能收到生动感人的演讲效果。

5. 结构要清晰

相较于一般文章，演讲稿对结构的要求更高。因为读文章是靠视觉接收信息；听演讲是靠听觉接收信息。文章一遍读不懂，还可多看几遍，而演讲则不然。

文章的结构表现在段落划分上，读者一看就知道从哪里到哪里是一层意思。演讲稿的结构是靠语言来交代和说明的。因此，在开场白中，演讲者要依次交代本次演讲的题目、结构、顺序，让听众对演讲内容有一个总体的了解和把握。在演讲过程中，演讲者要用"以上是第一点""下面讲第二点"之类的话将前后两个部分的联系表示出来。演讲临近结束时，演讲者还要对演讲的内容做一下归纳，说明一共讲了几个问题。这样，演讲内容即使很长，也能给听众留下明晰而完整的印象。

6. 语言要规范化、口语化，富有动作性

由于演讲者与听众是通过声音进行思想感情交流的，因此演讲稿的语言应根据不同的场合、不同的听众有所变化。为使演讲取得好的效果，演讲者应将演讲稿的语言规范化、口语化，使其富有动作性。

所谓语言的规范化，是指演讲者应使用规范化的现代汉语，即用普通话演讲，使用的词汇、语法等都符合普通话的标准要求。演讲稿要求演讲语言口语化，即演讲者要选用通俗易懂、生动活泼的语言和短小的句式。再者，由于演讲的演示性特点，演讲者还应考虑其语言的动作性。所谓语言富有动作性，是指演讲稿的语言中应暗含某些无声的态势语，如眼神、表情、姿态、动作等。这样，在演讲的过程中，演讲者便可自然而然地做出某种表情和动作，使演讲充满活力，让听众产生更深的感受。

二、演讲稿的主题与材料

主题是演讲的灵魂，取决于演讲的思想性，制约材料的取舍和组织，影响论证方式和艺术高度。主题可通过标题体现出来。

材料是观点形成的基础。只有大量、广泛地收集和使用材料，才能使演讲获得成功。

（一）演讲稿的标题

演讲不能没有标题。确定演讲的标题，是演讲者给全篇演讲树起的一面旗帜。它不仅与演讲的形式有关，还与演讲的内容、风格有直接关系，是对演讲内容和主旨的概括。

1. 标题的内容

标题必须与整篇演讲稿的内容直接相关，或必须涵盖演讲稿某一方面的内容。例如，马寅初的《北大之精神》告诉了人们演讲的主旨；蔡畅的《一个女人能干什么》体现了演讲的内容；朱自清的《论气节》指出了讲述的对象。

人们对演讲稿标题的要求和对文艺作品标题的要求是不一样的。人们看完话剧《雷雨》会觉得剧名有意义，含蓄、恰当。看到以"雷雨"为标题的演讲活动时，人们易认为它是一场气象方面的学术报告。详细了解后若发现演讲者讲的是一个家庭悲剧、一个故事，听众就会认为这场演讲活动的标题与内容不符，让人摸不着头脑。"叶的事业""沉重的翅膀""太阳石"等，作为文艺作品的标题可能是很好的，但作为演讲标题就不太妥当。

小贴士

确定演讲标题时的忌讳

（1）牵强、不确切，即听起来文不对题，标题与内容没有必然联系。

（2）太宽泛、不着边际。听起来标题的意思似有若无，如"我自信""理想篇""责任"等。

（3）一般化、无新意，即听起来耳熟，如"什么是幸福""谈谈德与才""友爱是什么"等。

（4）太怪僻、难理解，即听起来不懂，想一想又很费解，如"葡萄与大学生""做一个有灵魂的人""理想、命运与路的思考"等。

2. 标题的字数

标题要简短明快，即标题的字数不要太多，句子不要太长，意思要浅显易懂。"生活万岁""妇女问题与社会问题""科学的春天"等都是好标题。标题若短到什么内容也没有就不好了，如"信念""责任"等。

演讲标题的确定是一门综合艺术。它要求演讲者观点鲜明、才思敏捷，文笔有独到之处。

（二）演讲稿的材料

如果说主题是演讲的灵魂，那么材料就是演讲的血肉。所选取材料的质和量，在很大程度上决定演讲稿的质量。

1. 搜集材料

（1）用心观察。鲁迅说："留心各样的事情，多看看，不能看到一点就写。"平时，演讲者要认真、仔细地观察生活，观察人，观察演讲活动；要善用自己的眼睛看表、看里，看点、看面，看深、看细，看过去、看现在、看将来……总之，要做有心人，把生活中各种各样的材料，用眼睛"拍摄"下来，存储在头脑的"仓库"里，切不可心不在焉，视而不见，听而不闻，让生活中许多生动、有价值的材料从自己身边溜掉。

（2）广泛采集。写演讲稿，仅仅靠观察获取材料是不够的，还必须广泛了解情况，涉猎各种书报杂志以获取信息。搜集材料的方法、途径很多，有一般采集法和专题采集法等。通过长时间的采集、积累和储备，演讲者就可以建立起自己的材料库。

2. 选择材料

要写好演讲稿，演讲者必须对搜集的材料进行筛选。

（1）选用助力主题的材料。演讲者选择材料时必须看它能否有力地支持主题或为主题服务，即坚持这样一条原则：凡是能突出、烘托主题的材料就选用，否则就舍弃。能够有力支持主题的材料一般包括打动演讲者自己的材料、演讲者亲身实践证明了的材料、听众感兴趣的材料等。

（2）选用有强烈吸引力的材料。具有较强吸引力的材料一般具备四个方面的特点：新、实、趣、道。

新，即材料中要有新人、新事、新成果、新情况，能反映新面貌，讲出新道理。

实，即材料要具体、实在，使听众想得到、摸得着，而不是空洞抽象的说教。

趣，即材料要有趣味，既有动人的情节，能引起悬念，又活泼风趣，具有幽默感。

道，即材料要富有规律性、逻辑性，使听众感到有条有理，让听众心悦诚服。

（3）选用典型、生动的材料。演讲者选用的材料只有典型、生动，具有鲜明的特征和代表性，才能有力地揭示事物的本质，有力地支持演讲的主题。

（三）材料的升华

演讲应有鲜明的主题，演讲的主题最能体现演讲的思想价值和审美品位，使演讲具有深刻、感人的艺术魅力。然而，表达演讲主题不能流于空洞的说教、现象的罗列和人云亦云的老生常谈。

正确的做法是在运用典型、充分的材料表达演讲主题时，演讲者及时对材料的本质、内涵加以分析、概括、提炼、延伸，并通过富于理性色彩的语言加以点拨、渲染，激起听众的心理共鸣，将听众的思维引向一个更深邃、更崇高的境界，使演讲的主题得以升华。

在演讲实践中，演讲者一般可以运用以下几种技巧来升华演讲的主题。

1. 由点及面地扩展

演讲中的事实材料是丰富多样的，如一次亲身经历、一个小故事、一段人物描写，甚至人物的只言片语等。这些个别但典型的材料，往往能成为升华演讲主题的点。由对某一个事实的叙述推及包含这一类的全部或部分事实内涵的概括，就是由点及面地扩展演讲主题的技巧。

2. 由表及里地深化

一些蕴含深层意义的事实材料，如果不被点破，听众也许理解不透演讲者所要表达的主旨，而一旦得到演讲者的揭示与深度提炼，就能发人深省。

这种根据对外表行动或客观存在事实的叙述，揭示与深度提炼其内在思想或深层含义的表达方法，就是由表及里地深化演讲主题的技巧。

3. 由此及彼地引申

在演讲中，演讲者可以以某一典型事件或自然现象作为触发点和媒介进行引申，联系到另一类相关事物和事理，以此来升华演讲的主题。这种由此及彼升华主题的技巧，通过形象化的渲染，不仅可以启迪听众的智慧，还可以创设充满哲理的境界和氛围。

精选案例

一位在医学院工作的教师在开学典礼上做演讲时，先讲了一则小故事。

"在暴风雨后的早晨，一个男人在海边散步。沙滩上有许多因暴风雨而被困在浅水洼里的小鱼。忽然，他看到一个小男孩正在捡起浅水洼里的小鱼，并且用力地把它们扔回大海。这个男人问道：'孩子，这些浅水洼里有几百几千条小鱼，你救不过来的。''我知道。'小孩头也不抬地回答。'哦？那你为什么还在扔？谁在乎呢？'小男孩边扔小鱼边回答：'这条小鱼在乎！这条，还有这条……'"

教师讲完这则小故事后，满怀深情地说："今天，你们在这里开始大学生活。你们每一个人都将在这里学会如何拯救生命。虽然你们救不了全世界的人，救不了全中国的人，甚至救不了一个省一个市的人，但是，你还是可以救一些人，你们可以减轻他们的痛苦。因为你们的存在，他们的生活从此有所不同——你们可以使他们的生活变得更加美好。这是你们能够并且一定要做到的。"

4. 由陈及新地点化

在演讲中，从一些过去经常被引用的材料中挖掘出具有现实意义的新观点，也是一种较好的升华演讲主题的技巧。

5. 由境及情地交融

在演讲中，演讲者可以对现实生活中发生的典型事件进行渲染，创设出一种紧扣主题的境况，使听众触景生情，从而达到升华演讲主题的效果。

6. 先抑后扬地反衬

演讲中的高潮部分常常是升华主题的关键之处，而恰当地运用先抑后扬的反衬技巧，能使演讲中的情与理表现得更加突出，从而使演讲的主题得到升华。

三、演讲稿的结构

要想获得演讲成功，演讲者必须认真对待演讲稿的结构。

（一）演讲提纲

写演讲提纲是写演讲稿的准备工作，其目的就是确定演讲稿的结构。

演讲稿结构一般由意义各不相同的三个部分组成，即由开头、主体和结尾组成。

从形式上看，这三个部分各自独立，各有各的意义和作用；从内容上看，这三个部分是统一的，要达到的是同一个目的。

（二）演讲稿的结构

演讲者要想明确地表达思想，就一定要使演讲稿有一个严整而完美的结构。

1. 开头

任何形式的演讲，开头都是关键。开头的好坏能让听众做出是否接受演讲，是否继续听下去的决定。

（1）开头的基本要求。

① 吸引听众的注意。演讲开头成败的关键在于能否吸引并集中听众的注意力。演讲时吸引听众注意力的方式应随题材、听众和场景的改变而改变，一般可以通过列举事例、列举轶闻、列举经历、运用反诘、幽默表达等手段达到此目的。

② 为听众提供背景知识。如果听众对演讲的主题不熟悉或知之甚少，那么演讲者很有必要在开头部分对听众讲述与主题相关的背景知识。它们不仅是听众理解演讲内容所必需的，还可以体现出主题的重要性。

③ 向听众阐述演讲结构。演讲时，演讲者应当利用开头部分对演讲内容和结构加以概述，让听众了解演讲的中心思想和结构。特别是当演讲的主题很复杂，或专业性较强时，这样做就能使演讲变得清楚而易于理解。

④ 向听众说明演讲目的。在大多数情况下，演讲的开头应揭示演讲的目的。演讲者如果做不到这一点，听众要么会对演讲失去兴趣，要么会误解演讲的目的，甚至会怀疑演讲者的动机。

精选案例

某公司主席在短短的15秒内便把他的演讲目的陈述给了听众。

"女士们、先生们，早上好。谢谢大家给我这个露面的机会。××××是我国船舶工业的一个重要组成部分。当前，我国船舶工业还面临许多问题，而重担落在了大家的肩上。我今天演讲的目的便是就这些问题及它们呈现出的挑战谈谈我的看法。

⑤ 争取听众的信任。有时候，听众会对演讲者的动机产生疑问，或与演讲者持相反的观点。在诸如此类的场合——特别是想改变听众的观点或行为时，要使演讲获得成功，演讲者就需要建立或提高听众对自己的信任。

（2）开头的实用技巧。

只有匠心独运的开场白，才能给听众留下深刻的印象，才能使演讲者立即控制场上的气氛，在瞬间集中听众的注意力，从而为接下来的演讲内容顺利地搭梯架桥。

① 奇论妙语，石破天惊。听众对平庸、普通的论调并不感兴趣。用令听众意想不到的见解引出话题，制造"此言一出，举座皆惊"的艺术效果，会立即震撼听众，使他们急不可待地听下去。

精选案例

班主任在毕业欢送会上，通常会依照惯例给每位毕业生送上自己的祝福。但是有一位班主任却运用奇论妙语，给大家留下了深刻的印象。

这位班主任一开口就说："我原本想祝大家一帆风顺，但仔细一想，这样说并不恰当。"这句话把在座的毕业生弄得犹如丈二和尚，却都愿意听下去。班主任继续说："祝人一帆风顺就如同祝人万寿无疆，美丽而空洞。人生漫漫，每个人都会遇到许多艰难困苦，比如……"

最后班主任得出的结论是："不能一帆风顺的人生才是真实的人生，在逆风险浪中拼搏的人生才是辉煌的人生。祝大家奋力拼搏，用坚实有力的步伐，走向美好的未来！"

② 自嘲开路，幽默搭桥。演讲者自嘲的目的是用幽默的语言巧妙地介绍自己，以使听众倍感亲切，缩短与听众的距离。

精选案例

一位青年演讲者应邀到某师范大学为应届毕业生做关于青年成才问题的演讲。为引起同龄人的共鸣，他设计了这样的开场白。

"同学们，到这里演讲的，应该是些大人物，我这个籍籍无名的青年人站在这儿，很不合适呀！不过，我很喜欢契诃夫的一段名言：'世界上有大狗，也有小狗，小狗不该因为大狗的存在而心慌意乱，所有的狗都应该叫……'今天，我这个自信的'小狗'，就要大胆地叫几声……"

③ 即景生题，巧妙过渡。演讲者一上台就开始正正经经地演讲，会给人

生硬突兀的感觉，让听众难以接受。演讲者不妨以眼前的人、事、景为话题，并加以引申，把听众不知不觉地引入演讲。演讲者可以谈会场布置，谈当时的天气，谈当时的心情，谈某个与会者的形象等。

演讲者可以说："我刚才发现在座的一位同志非常面熟，好像我的一位朋友。走近一看，我真的认错人了。但我想这没关系，我们在此已经相识，今后不就可以称为朋友了吗？我今天要讲的就是作为大家的一个朋友的一点儿个人想法。"

精选案例

在某单位召开的一次关于安全生产的职工大会上，轮到最后一位车间主任表态发言时，职工有的看表，有的交头接耳，会场秩序有些不安定。这位车间主任见此情景，开口就说了这么一句："劳驾诸位——先对一下表。"说完他伸出胳膊，注视着自己的手表，态度极为认真。在场的所有职工几乎都愣了一下，然后真的去看自己的手表。"现在是9点12分，请大家拨正一下手表，我的发言只需15分钟，到9点27分我要讲不完，请前排的同事把我从窗口扔出去。"会场内爆发出一阵欢笑后就变得鸦雀无声，大家都开始很认真地听他发言。

④ 讲述故事，顺水推舟。用形象的语言讲述一个故事作为开场白，会引起听众的巨大兴趣。演讲者选择故事时要遵循这样几个原则：要短小；要有意味，发人深思；要与演讲内容有关。

⑤ 制造悬念，激发兴趣。人们都有好奇的天性，一旦有了疑虑，非得探个究竟不可。为了成功激发听众的强烈兴趣，演讲者可以运用悬念手法。在开场白中制造悬念，往往会收到奇效。

2. 主体

主体是演讲稿的核心内容，既要紧承开头，又要逻辑清晰地说明主题，以使听众产生共鸣。所以主体部分的安排要从突出主体、巧布详略、分明层次与衔接段落等方面考虑。常见的演讲稿布局方法有以下几种。

（1）直叙式，即演讲者以时间先后为序，或以事情的发生、发展及变化过程为序布局演讲稿。这种布局方法会把事情的来龙去脉讲得很清楚，常用于介绍个人成长过程和他人先进事迹的演讲。运用这种方法时，演讲者要注意突出重点、兼顾一般，切忌平均用力、平铺直叙。

（2）比较式，即演讲者在分论点与分论点之间、段落与段落之间形成一正一反的对比，使听众从两种事物的不同中认识演讲的主题。

（3）递进深入式，即阐释若干个问题，而这几个问题之间的关系是递进的、步步深入的，甚至是一环套一环的。

精选案例

这篇演讲稿采用层层递进的方式，环环相扣地解释了"少年中国"与"少年运动"的关系，鼓励听众积极加入"少年运动"组织。

"少年中国"的"少年运动"

李大钊

我们的理想，是在创造一个"少年中国"。

"少年中国"能不能创造成立，全看我们的"少年运动"如何。

我们"少年中国"的理想，不是死板的模型，是自由的创造；不是铸定的偶像，是活动的生活。我想我们"少年中国"的少年，人人理想中必定都有一个他自己所欲创造而且正在创造的"少年中国"。你理想中的"少年中国"和我理想中的"少年中国"不必相同；我理想中的"少年中国"，又和他理想中的"少年中国"未必一致。可是我们的同志，我们的朋友，毕竟都在携手同行，沿着那一线清新的曙光，向光明方面走。那光明里一定有我们的"少年中国"在。我们各个不同的"少年中国"的理想，一定都集中在那光明里成一个结晶，那就是我们共同创造的"少年中国"，仿佛像一部洁白未曾写过的历史空页，我们大家你写一页，我写一页，才完成了这一部"少年中国"史。

我现在只说我自己理想中的"少年中国"。

我所理想的"少年中国"，是由物质和精神两面改造而成的"少年中国"，是灵肉一致的"少年中国"。

为创造我们理想的"少年中国"，我很希望这一班与我们理想相同的少年好友，大家都把自己的少年精神拿出来，努力去做我们的"少年运动"。我们"少年运动"的第一步，就是要做两种的文化运动：一个是精神改造的运动，一个是物质改造的运动。

精神改造的运动，就是本着人道主义的精神，宣传"互助""博爱"的道理，改造现代堕落的人心，使人人都把"人"的面目拿出来对他的同胞；把那占据的冲动，变为创造的冲动；把那残杀的生活，变为友爱的生活；把那侵夺的习惯，变为同劳的习惯；把那私营的心理，变为公善的心理。这个精神的改造，实在是要与物质的改造一致进行，而在物质的改造开始的时期，更是要紧。因为人类在马克思所谓"前史"的期间，习染恶性很深，物质的改造虽然成功，人心内部的恶，若不划除净尽，他在新社会新生活里依然还要复萌，这改造的社会组织，终于受他的害，保持不住。

物质改造的运动，就是本着勤工主义的精神，创造一种"劳工神圣"的组织，改造现代游惰本位、掠夺主义的经济制度，把那劳工的生活，从这种制度下解放出来，使人人都须做工，做工的人都能吃饭。因为经济组织没有改变，精神的改造很难成功。在从前的经济组织里，何尝没有讲过"博爱""互助"的道理，不过这表面构造（就是一切文化的构造）的力量，到底比不上基础构造（就是经济构造）的力量大。你只管讲你的道理，他时时从根本上破坏你的道理，使他永远不能实现。

"少年中国"的少年好友呵！我们的一生生涯，是向"少年中国"进行的一条长路程。我们为达到这条路程的终点，应该把这两种文化运动，当作车的两轮，鸟的双翼，用全生涯的努力鼓舞着向前进行！向前飞跃！

"少年中国"的少年好友呵！我们要做这两种文化运动，不该常常漂泊在这都市上，在工作社会外做一种文化的游民；应该投身到山林里村落里去，在那绿野烟雨中，一锄一犁地做那些辛苦劳农的伴侣。吸烟休息的时候，田间篱下的场所，都有我们开发他们，慰安他们的机会。须知"劳工神圣"的话，断断不配那一点不做手足劳动的人讲的；那不劳而食的知识阶级，应该与那些资本家一样受排斥的。中国今日的情形，都市和村落完全打成两橛，几乎是两个世界一样。都市上所发生的问题，所传播的文化，村落里的人，毫不发生一点关系；村落里的生活，都市上的人，大概也是漠不关心，或者全不知道他是什么状况。这全是交通阻塞的缘故。交通阻塞的意义，有两个解释：一是物质的交通阻塞，用邮电、舟车可以救济的；一是文化的交通阻塞，非用一种文化的交通机关不能救济的。在文化较高的国家，一般劳农容受文化的质量多，只要物质的交通没有阻塞，出版物可以传递，文化的传播，就能达到这个地方，而在文化较低的国家，全仗自觉少年的宣传运动，在这个地方，文化的交通机关，就是在山林里村落里与那些劳农共同劳动自觉的少年。只要山林里村落里有了我们的足迹，那精神改造的种子，因为得了洁美的自然，深厚的土壤，自然可以发育起来。那些天天和自然界相接的农民，自然都成了人道主义的信徒。不但在共同劳作的生活里可以感化传播于无形，就是在都市上产生文化利器——出版物类——也必随着少年的足迹，尽量输入到山林里村落里去。我们应该学那闲暇的时候就来都市里著书，农忙的时候就在田间工作的陶士泰（按：托尔斯泰）先生，文化的空气才能与山林里村落里的树影炊烟联成一气，那些静沉沉的老村落才能变成活泼泼的新村落。新村落的大联合，就是我们的"少年中国"。

我们"少年中国"的少年好友啊！我们既然是二十世纪的少年，就该把眼光放得远些，不要受腐败家庭的束缚，不要受狭隘爱国心的拘牵。我们的新生活，小到完成我的个性，大到企图世界的幸福。我们的家庭范围，已经扩充到全世界了，其余都是进化轨道上的遗迹，都该打破。我们应该拿世界的生活作家庭的生活，我们应该承认爱人的运动比爱国的运动更重。我们的"少年中国"观，绝不是要把中国这个国家，作少年的舞台，去在列国竞争场里争个胜负，乃是要把中国这个地域，当作世界的一部分，由我们住居在这个地域的少年朋友们下手改造，以尽我们对于世界改造一部分的责任。我们"少年运动"的范围，绝不止于中国：

有时与其他亚细亚的少年握手，作亚细亚少年的共同运动；有时与世界的少年握手，作世界少年的共同运动，也都是我们"少年中国主义"分内的事。

总结几句话，就是：

我所希望的"少年中国"的"少年运动"，是物心两面改造的运动，是灵肉一致改造的运动，是打破知识阶级的运动，是加入劳工团体的运动，是以村落为基础建立小组织的运动，是以世界为家庭扩充大联合的运动。

少年中国的少年呵！少年中国的运动，就是世界改造的运动，少年中国的少年，都应该是世界的少年。

3. 结尾

成败的关键，往往取决于最后一刻。演讲者把自己认为论证最有力的内容留在结尾，可以起到"画龙点睛"的作用。

（1）自然收篇。这种结尾方式是指演讲随着内容的结束而结束，具有简洁明快的特点，给人留下干净利落的印象。

（2）总结全篇，再次点题。这种结尾方式被演讲者应用得较多，一般是演讲者在结尾部分用简明扼要的语言对讲述的内容进行总结，用以加深听众的印象。

（3）抒情式结尾。这种结尾方式是指演讲者以抒情怀、发感慨的方式结尾。以这种方式结尾演讲，言尽而意未尽，留有余韵，给人以启迪。

小贴士

郭沫若的《科学的春天》的结尾是这样的。

春分刚刚过去，清明即将到来。"日出江花红胜火，春来江水绿如蓝。"这是革命的春天，这是人民的春天，这是科学的春天！让我们张开双臂，热烈地拥抱这个春天吧！

（4）鼓动号召式结尾。这种结尾用充满信任和期望的语言来对听众进行鼓励号召，以激起听众感情的波涛，给人以心志的激励。

总之，结尾的方法很多，但都应简洁有力，忌讳虎头蛇尾、画蛇添足和陈词滥调。演讲者可以在实践中不断创新结尾方式，"结"出个性，"结"出新意。

知识拓展

演讲与口语的关系

演讲是口语表达的一种形式，一个人可以通过演讲来锻炼自己的口才。演讲不同于其他口语表达形式，是较高层次的口语艺术。因此，我们可以这样看待两者的关系。

1. 演讲是提高口语表达能力的有效方法

（1）演讲能增强自信心，克服当众说话的恐惧感。第一次登台演讲的人多半会因紧张、恐惧而不敢看听众，说话也语无伦次。经常进行演讲练习，会让演讲者消除恐惧感、增强自信心，口语表达也会变得自然流畅。

（2）演讲能提高遣词造句、组段成篇的能力，使口语表达变得精练、生动，逻辑性强。要想成功地进行演讲，演讲者就必须用生动的词语和事例、精练的语言、强悍的逻辑来感染听众。经常进行演讲训练，会让演讲者养成正确运用语言的习惯，积累丰富的知识，从而提高口头语言的表现力。

2. 演讲是具有较高审美价值的口语表达形式

（1）演讲阐述的观点是全面而系统的。正式、重要的演讲都要有演讲稿，起码要有腹稿。演讲稿有助于演讲者全面而系统地阐述自己的观点，不会偏离演讲主题，使听众因演讲者深刻的理论阐述、丰富而生动的事例描述而受到感染，从而接受演讲者的观点。

（2）演讲是艺术性较强的实践活动，以"讲"为主，以"演"为辅，要求演讲者调动有声语言(讲)和身体语言(演)等一切积极因素和手段，在大庭广众之下，与听众交流思想、表达感情。因此，它不同于领导做报告，不同于服务人员招待客人，也不同于业务谈判。

（3）演讲是具有鼓动性的实践活动。不同于交谈，也不同于争辩，它是一人讲、众人听的活动。在演讲中，演讲者应以较强的说服力和感染力深深吸引听众，使听众信服、感动、跃跃欲试，并付诸行动。这是其他口语表达形式所不能及的。

总之，我们理解演讲与口语的关系后，就会以更积极的态度训练口语，进行演讲练习。

学以致用

（1）演讲稿的写作要求有哪些？

（2）如何搜集、选择演讲稿的素材？

（3）演讲稿的结构有哪几个部分？各部分的写作注意事项有哪些？

第三课

演讲训练

至理名言

我们在学习演讲的时候，也要充满热情，找准方式，付出真心，终有一天你会成为勇敢的演说家。

——卡耐基

应知导航

（1）命题演讲与即兴演讲的特点。
（2）命题演讲与即兴演讲的实用技巧。

知识探究

在现实生活中，人们常遇到两种不同的演讲形式：一种是由非演讲者拟订好演讲标题或演讲范围，演讲者据此做好充足准备而进行的演讲，即命题演讲；另一种是演讲者在毫无准备的情况下，就眼前的场面、情景、事物和人物有感而发、直抒胸臆、临场发表的演讲，即即兴演讲。

这两种演讲都需要演讲者拥有良好的口才，但相比之下，它们又具有不同的特征和实用技巧。命题演讲的形式会更完美、内容会更完备；即兴演讲的形式会更自然，表达会更多样，但对演讲者随机应变能力的要求也更高。

一、命题演讲

命题演讲是演讲者根据既定的演讲标题或演讲范围，做了充分准备的演讲。开幕词、闭幕词、专题报告、祝词等都属于命题演讲。

命题演讲大概可以分为以下两种类型。

一种是定题演讲，即演讲者根据主办单位或邀请单位事先确定的标题进行的演讲。这种演讲的主题和内容都有较为严格的限制。

另一种是自拟标题的演讲，即主办单位只提出演讲主题，由演讲者自拟标题而进行的演讲。

（一）命题演讲的特点

1. 严谨性

命题演讲为演讲者省去耗费大量精力的选题环节，让演讲者有较为充足的时间用于锤炼观点、选择材料和反复练习。因此，命题演讲的内容是事先确定的，演讲结构是精心设计的，演讲中的很多细节也是经过周密设计、安排的。

经过充分的准备，演讲者能使自己的演讲达到逻辑严密、材料充实、语言生动、体态传神的高度。

2. 完备性

命题演讲是经过充分准备的。演讲稿经过认真撰写，能把演讲的各个要素综合成一个整体，并把它们协调统一起来。

命题演讲陈述的观点不是杂乱的、拼凑的，而是经过深思熟虑形成的有层次、成体系的观点。因此，命题演讲所陈述的问题应足够周详全面、凝练贴切，具有较强的说服力。

3. 稳定性

命题演讲的主题和内容是事先确定的，演讲者在现场演讲的状态通常与在演练中的状态没有区别。稳定性既是命题演讲的优点，也是命题演讲的不足。

做命题演讲时，演讲者一般会照着写好的演讲稿演讲。虽然演讲受现场的影响比较小，有利于演讲者完美地完成一次演讲，但演讲的内容因时因地做出调整和即兴创作的空间也比较小。

（二）命题演讲的实用技巧

命题演讲要求内容翔实、思想精深、形式完美，其主要实用技巧有精心设计主题，写好演讲稿，精心设计演讲过程和反复演练。这些内容在前面的章节中已做了具体阐述。

（三）经典演讲词欣赏

为了我们的父亲（有删改）

沈　萍

同学们，你们见过青年画家罗中立的油画《我的父亲》吗？如果见过，你们还记得油画中的动人的中国老年农民的形象吗？让我们再看一看这幅油画吧！这是一张写满忠厚善良、朴实慈祥的脸，在这一道道深深的皱纹中，仿佛隐藏着他一生的艰辛，眼睛有些昏花，但没有悲哀或怨恨，有的却是无限的欣慰和期望。你们看，他这双勤劳的大手，青筋罗布，骨节隆起，虽然粗糙得像干枯的树皮，但很有力量。他把自己一生的精力和满腔的心血都交给了我们祖祖辈辈劳作生息的土地，交给了正在成长发育的子孙。他已经到了安度余生的年纪，却仍然头顶烈日，在田里耕作，用他仅有的精力，换来背后的满场金谷。他勤苦一生，创造了生活的一切，编织着美好的未来。

面对这样一位父亲，怜悯、同情、崇敬、热爱，万般思绪，一下子在我心头翻滚起来。特别是父亲这双欣慰、期待的眼睛，深深地印在我的心上。他为什么历尽人间忧患后，却感到无限的欣慰呢？在为时不多的晚年，他还热烈期待着什么呢？

在去年夏天的一个中午，我去书店。那天非常热，我穿着清凉的夏装，走在林荫道上。我忽然看见，马路上一位老人推着一车钢筋，正在艰难地上坡。重载使老人不得不把自己的腰深深弯下。太阳烤着老人紫红色的脊背。老人的脸上、背上淌着汗水。我赶忙跑过去，帮老人把车子推上坡。老人抹了把汗水，喘息着向我道谢。当他看到我胸前佩戴的校徽时，眼睛一亮，露出了赞许、期待的目光。他满脸笑容，欣慰地说："孩子，好好念吧！我也有一个孩子，和你一样上大学。"

看着满车的钢筋及老人弯曲的脊梁、满脸的汗水、欣慰的笑容，听着老人这亲切的嘱咐，我的眼泪一下子涌了出来。

此刻，他的孩子也许正在舒适的宿舍里午休；也许正在舒适的大学教室里读书；也许和我一样，正走在林荫道上。但是，我不知道他是否想到这位在烈日下推车的父亲。年老的父亲顶着烈日推车，却让自己的子女坐在舒适的大学教室里学习，这是为什么？我想答案就在父亲欣慰的笑容和期待的目光里。他的期望就是让我们接受高等教育，就是让我们用现代科学知识把自己武装起来，走出一条与他们完全不同的崭新的生活道路。这是老一辈的希望，不也是祖国和人民的希望吗？

同学们，我们应该牢记父辈的欣慰笑容和期待目光。当我们羡慕舒适安逸的生活时，当我们逃避学习的艰苦、肆意浪费大好时光时，当我们为了个人的得失和苦恼迷失方向时，父辈期待的目光将像皮鞭一样，狠狠地鞭挞我们的无知和糊涂、懒惰和轻浮、私欲的污染和灵魂的癌变。让我们在鞭挞中清醒，在鞭挞中立志，在鞭挞中不懈地追求和勇敢地攀登。父辈欣慰的笑容和期待的目光，像光芒四射的明灯，永远照耀在我们的心头。在它的照耀下，我们不仅会看到青春的可贵和美好，还能看到生活的欢乐和幸福；在它的照耀下，我们不仅会看到前进的道路和方向，还能看到自己的使命与责任；在它的照耀下，我们可以更加清楚地看到自己、认识自己、掌握自己，使自己像父亲那样做事业的战士和开拓者。

李大钊说过："无限的'过去'，都以'现在'为归宿。无限的'未来'，都以'现在'为渊源。'过去''未来'的中间全仗有'现在'。以成其连续，以成其永远，以成其无始无终的大实在。"这话说得多好啊！革命先烈和我们的父辈英勇奋斗，苦而无怨，为的是我们年轻的一代。我们是承前启后的一代，我们是继往开来的一代。革命先烈和我们的父辈用钢筋和鲜血凝成的精神财富，要在我们这一代人身上，化作永不枯竭的前进力量。

好好学习吧，同学们！

为了祖国，为了人民，为了我们的父亲！

二、即兴演讲

即兴演讲，又称即席演讲或即时演讲，是演讲者对眼前的人、事、物、情、理等有所感触而临时进行的演讲。这种演讲是演讲者在事先无准备、事先没有拟稿的情况下进行的语言交际活动。根据自由度，即兴演讲可分为生活即兴演讲和赛场即兴演讲两种。

即兴演讲的知识

即兴演讲是对演讲者的一大考验。时间短、对象不明确、材料需临时搜集：这些不定因素给演讲者带来的难题需要演讲者用敏捷的才思、丰富的学识和灵活的应变能力去化解。

（一）即兴演讲的特点

1. 临场性

即兴演讲不会给演讲者事先准备的机会和时间，演讲者一般要就地取材，从现场的所见、所闻、所感出发，结合现场活动的主题进行演讲。

2. 动因的触发性

只有在某种特殊原因的触发下，演讲者才会自愿或被迫地进行即兴演讲。这就要求演讲者耳聪目明、反应迅速，立即抓住演讲主题的特殊点和要点，吸引听众的注意力，使演讲融入特定的环境。

3. 普遍性

在各类演讲中，即兴演讲是一种被应用得较广泛、较普遍的演讲。凡是有集会、有活动的地方都有即兴演讲。

4. 短暂性

即兴演讲的准备时间很短，往往只有 3 ～ 5 分钟，演讲时间一般也不会超过 15 分钟。即兴演讲的短暂性要求演讲者言简意赅、字字珠玑、言及必中。

5. 多样与灵活性

即兴演讲的内容是多样的，手段是多样的，表现形式也是多样的。即兴演讲因时、因地、因人、因需而做，具有较强的灵活性，进行什么样的演讲完全由演讲者自己决定。

（二）即兴演讲的实用技巧

1. 集中精神，确定主题

即兴演讲虽名为"即兴"，但并不是演讲者想说什么就说什么。演讲者必须结合现场情况，准确抓住当时人们的需要。演讲者绝不可在心慌意乱、毫无头绪、找不到话题的情况下进行即兴演讲。准确的主题来源于对现场情况的熟悉与掌握，也就是演讲者要注意在什么时间、什么场合和对谁讲话。

2. 紧跟主题，精确选材

确立了主题，就要抓住不放，并精心组织材料进行论证。

即兴演讲需要演讲者即兴抓取材料。这些材料的来源，一是平时的知识积累，二是眼前的人、事、物、情、理等，而且应以眼前的人和事为主。过多地引用平时的知识积累，即兴演讲就会失去针对性；只有多联系现场中的人和事，才能紧紧抓住听众的注意力。

3. 情感充沛，以情夺人

要使听众受到感染，演讲者首先要有激情。演讲者情感充沛，才能将喜怒哀乐体现在语言、动作、神态中，从而感染听众，达到交流情感的目的。

4. 表达多样，因人而异

即兴演讲应根据听众的知识结构和文化修养，选用不同风格的语言。这就要求演讲者平时多接触不同风格的语言，从中吸收有益成分。

5. 短小精悍，逻辑严密

即兴演讲多在众人情绪比较激动的场合下进行，因此必须短小精悍。

短小，是对篇幅而言的；精悍，是对内容而言的。

即兴演讲虽不能像命题演讲那样讲究布局谋篇，但也要结构合理、详略得当，要有快节奏的风格和一气呵成的气势，切忌颠三倒四、离题万里、拖泥带水。

（三）经典演讲词欣赏

怀着感恩的心一路走来

敬爱的教师、亲爱的同学们：

大家早上好！今天我演讲的题目是"怀着感恩的心一路走来"。

很高兴有机会和大家在一起聊一聊当下倡导并受到人们广为关注的感恩教育。感恩，其实是无处不在的。今天我站在这里的理由是什么，那就是感恩。感激父母给予我生命；感激朋友让我感受到世界的温暖；感激教师教给我知识；感激太阳让我获得温暖；感激未来的对手让我不断进取、努力；更感激学校给予我的这次机会。有些人对感恩教育还不大明白。那么，究竟什么是感恩教育？我们曾被哪些事情感动过？

我想起看过的一个真实的场景。一场大地震后，许多把孩子紧紧护在怀中的年轻母亲，僵硬为辉煌的"雕塑"。在生死关头，她们最先想到的是孩子，几乎在同一时间，用同一种方式，以自己的血肉之躯保护小生命，想抵挡死神。孩子在母亲的怀里虽然永远闭上了眼睛，但外表上却没有受伤的痕迹。这是一种多么伟大的母爱啊！她们永远把孩子放在第一位，因为爱孩子而忽略了自我，甚至是生命。我相信各位同学的父母在遇到这种情景时，也会这样做，因为我们是他们的孩子，他们关心我们胜过关心自己。

可是同学们，你们又有多少人会把父母放在第一位？不少同学总是不断地抱怨自己的父母，对父母的行为和做法挑三拣四，横加指责，甚至直接与父母顶撞！你们明白父母身体的健康状况吗？你们记得父母的生日吗？有的同学连父母的工作单位在哪里都不清楚。想想看，父母为你们付出那么多精力和心血，你们关心过他们吗？你们为你们的父母做过什么呢？如果什么也没做过，你们又有什么理由去指责你们的父母？对待父母尚且如此，你们怎么会善待你们的教师和朋友？若是国家有难，你们会抛头颅洒热血吗？如果人人都这么自私自利，社会哪里还会有温情？光靠喊口号是没有任何用处的，我们应当用我们实际的行动关爱我们的父母！同学们，我想说，假如今天是我们生命中的最后一天，我们应当怀着感恩的心，感激父母对我们的养育之恩，为他们尽一份孝心；感激那些曾有恩于我们却不求回报的人。常怀感恩之心，我们对他人、对环境就会多一些欣赏，少一些挑剔。

当每一天早晨睁开双眼时，我们应当庆幸，我们还活着。活着是多么幸福，世界上每一天发生那么多的灾难和不幸，却没有一件落在我们的头上，我们活得很欢乐。什么是幸福？想起世界上有那么多难民，我们应当懂得吃得饱其实也是一种幸福。

感恩是五彩画笔。学会感恩，生活将变得无比精彩。感恩描绘着生活，将生活中大块的写意，挥洒得酣畅淋漓；将生活中清淡的山水，点缀得清秀飘逸；将生活中常见的冷暖，描绘得细腻精美。

"感恩的心，感谢有你，伴我一生，让我有勇气做我自己。感恩的心，感谢命运，花开花落，我一样会珍惜……"同学们，让我们像这首歌词里所写的，学会珍惜我们的幸福吧！学会感激你身边的一切吧！因为珍惜才会拥有，感恩才能天长地久。

努力吧，同学们！为了我们国家更加繁荣和富强，为了我们的父母更加强健和安康，努力吧！让我们怀着感恩的心一路走来，让我们的人生焕发光彩吧！

知识探究

演讲训练的基本方式

一、指定主题演讲训练

训练方式如下。

（1）指导者确立演讲主题，如"我爱家乡美"等。

（2）一次主题演讲的总发言时间不宜超过2小时，否则听众的精力容易涣散。

（3）每位受训者的发言时间为8～10分钟，过短则难以使受训者的演讲达到一定高度，过长则易影响其他受训者的演讲时间。

训练说明如下。

（1）指导者要注意内容的多样性。如果受训者来自全国各地，一次成功的"我爱家乡美"命题演讲就可以使全体受训者受到一次生动的爱国主义教育。

（2）指导者组织演讲时还要注意受训者构成的多层次性，如生活经历、表述能力和男女比例等。在一次命题演讲中，受训者构成的层次越丰富，其演讲内容就越丰富。注意受训者的表述能力，意在推动受训者投入训练的主动性和积极性，使演讲既成为一次生动的思想教育活动，又给受训者提供提高表述能力的训练机会。

二、自由命题演讲训练

训练方式如下。

（1）让受训者按抽签顺序轮流登台，在8～10分钟内完成自选主题的演讲。

（2）完全由受训者确立论点和表述角度，自由畅谈。

训练说明如下。

（1）受训者在选择主题、论点和表述角度方面的自由，易导致训练总体上出现主题散漫和思想水平参差不齐的情况。

（2）指导者的知识结构很难覆盖全体受训者的知识面与兴趣研究，因此当受训者在演讲中选择了指导者知之不多甚至基本不知的主题，或受训者在某一具体主题的看法超过指导者时，指导者一是要扬长避短，二是应该"知之为知之，不知为不知"，大可不必觉得难堪，更不宜强不知以为知。

（3）指导者不要让受训者过于追求思想观点的深刻性，把演讲变成辩论；不要让受训者过于注重对感情的抒发，把演讲变成朗诵。

学以致用

（1）什么是命题演讲？什么是即兴演讲？两者有何区别。

（2）即兴演讲有哪些实用技巧？请举例说明。

◆◆ 素养提升 ◆◆

蒋巍：出发，是一个作家最美的姿态

以下是蒋巍在2022年11月20日举行的"中国文学盛典·鲁迅文学奖之夜"上获得全国优秀报告文学奖的获奖感言片段（有改动）。

"2019年秋天，当我带上一盏小台灯，不断地翻山越岭，进村入寨，奔赴全国脱贫攻坚的广阔战场时，我忘记了那年我已72岁。两年后，当我绕了全国一圈，再去贵州，倾听大决战的胜利呐喊时，我忘记了我已经74岁。今天，和所有获奖作家列队在这个辉煌夜晚的时候，我更不记得我的年龄了。请大家不要提醒我，因为我渴望并且愿意不断地出发。出发，是一个作家最美的姿态！我以为，对于伟大中国梦和辉煌新时代所迸发的创造力，我们的想象力是远远不够的。只要有梦想，一切不可阻挡！"

讨论：

从这段感言中，我们能体味出不断"出发"的作家拥有的家国情怀。72岁蒋巍的感言，给你什么样的启示？

论辩篇

论辩的艺术及辩论赛的组织

　　论辩是一种普遍存在的社会现象，只存在于人类社会中，并且有人群的地方，就有论辩。可以说，人类社会的历史有多长，论辩的历史就有多久。之所以如此，是因为论辩是不同思想观点之间的语言交锋，而人们对客观事物的认识和理解不可能绝对统一，难免存在差异。掌握一定的论辩知识不仅有利于提高个人的素养，而且对个人的生活、学习和工作都大有裨益。

育人目标 ▼

　　1. 掌握论辩的基本原则和实用技巧，提高表达、倾听和与他人交往的能力；
　　2. 了解团队式论辩的相关知识，培养团队意识，学会团队合作，增强集体荣誉感。

第一课

论辩的口才艺术

至理名言

　　谈说之术：矜庄以莅之，端诚以处之，坚强以持之，分别以喻之，譬称以明之，分别以明之，欣欢、芬芗以送之，宝之，珍之，贵之，神之，如是则说常无不受。虽不说人，人莫不贵，夫是之谓为能贵其所贵。

——荀子

应知导航

　　（1）论辩的特征。
　　（2）论辩中应掌握的基本原则、思维技巧和实用技巧。

知识探究

　　论辩术是一种高超的说话艺术，论辩口才是一种高层次的口语表达技巧。论辩能力是衡量一个人的口才的重要尺度。

　　论辩是颇具艺术魅力的演讲活动，其思想深邃，可给人以启迪；其言辞优美、精辟可给人以高层次的享受。

一、论辩之道

　　什么是论辩？

　　"论"是立论、证明，即确立自己观点的正确性；"辩"是辩解、辩驳，即指出对方观点的谬误性。"论辩"就是双方在某一问题上因意见不同而引起的面对面地为自己辩护、反驳别人的语言交锋。

　　论辩是以阐述作为基本方式，以彰显真理、否定谬论作为基本目的的。

（一）论辩的特征

　　1. 同一性和对抗性

　　没有对抗，就无所谓论辩。论辩双方的对抗是观点的对立、语言的对抗，但并不排斥论辩的双方在其他问题上可能存在一致性。

　　2. 真理性和概括性

　　论辩的目的是明辨是非，正确地反映客观事物，探求真理。论辩的语言具有高度的概括性，力求反映事物内部的客观规律。

　　3. 逻辑性和策略性

　　论辩的过程实际上就是运用各种概念、判断来进行逻辑推理的过程。论辩的逻辑性是指概念明确，判断准确，推理合乎逻辑。论辩是唇枪舌剑的争斗。短兵相接时，双方思维的紧张程度增强，语言信息的传播与反馈速度加快。论辩是逻辑的艺术，是策略的艺术。

　　4. 临场性和机敏性

　　论辩双方在论辩前虽有足够的时间做准备，但很难完全把握对方的观点、论据，更难以洞悉对方的战略、战术。因此，论辩者必须保持高度警惕，应对论辩现场随时出现的变化，对对方提出的各种问题迅速做出反应。这种反应，往往是瞬间做出的，不然就会使论辩者处于守势，陷入被动局面。

（二）论辩的类型

　　论辩一般分为两大类：一是自由争论，即人们在交往中，对不同事物有不同看法的争辩，少则几句，多则长篇大论，轻则几句了结，重则互不相让，以致大动肝火，口诛笔伐；二是专题论辩，即有组织、有程序、有目的的论辩。这类论辩常有以下几种形式：法庭论辩、外交论辩、竞选论辩、学术论辩等。

二、论辩的艺术

（一）论辩的基本原则

1. 观点要明确，立场要坚定

论辩的目的，就是论证己方观点，反驳对方观点。为了能更清晰地论证自己的观点，论辩者在论辩时要运用客观材料及所有能够支持观点的论据，以增强自己的论辩效果，从而反驳对方的观点。

2. 逻辑性要强，坚持以理服人

一个优秀的论辩者应该头脑冷静、思维敏捷，使自己的论证严密而富有逻辑性。只有具备这种素质的人才能应对各种各样的难题，化险为夷。

在论辩中，无论是论证自己的观点，还是反驳对方的观点，论辩者都要做到理据充足。这样才有辩驳制胜的力量；否则，纵使疾言厉色，也缺乏战斗力。

3. 掌握大原则，不纠缠枝节

在论辩中，论辩者要有战略眼光，掌握大的方向、大的前提及大的原则；要洒脱，不要在枝节问题上与对方纠缠不休，但在主要问题上一定要集中精力，把握主动；在反驳对方的观点时，要能够切中要害，做到有的放矢。此时，论辩者要切记不可断章取义，强词夺理，恶语伤人。

4. 态度要客观公正，措辞要准确

不论论辩双方如何针锋相对，争论得多么激烈，都必须以客观公正的态度、准确的措辞进行表述，切忌用侮辱诽谤、尖酸刻薄的语言进行人身攻击。对对方进行人身攻击，其结果只能是损害自己的形象，降低自己的论辩质量和论辩实力，不会给论辩带来丝毫帮助，反而可能置论辩于破裂的边缘。

5. 应掌握好进攻的尺度

切不可认为论辩就是一场对抗赛，必须置对方于"死地"。因此，论辩时应掌握好进攻的尺度，一旦达到目的，就应适可而止，切不可穷追不舍，得理不饶人。

6. 要善于处理论辩中的优势与劣势

在论辩中，论辩者可能时而占优势，时而占劣势。因此，论辩者必须用不同方法处理好在论辩中处于优势与处于劣势的不同情况，扬长避短。

（二）论辩的思维技巧

缜密的思维能力对论辩的作用十分重大。"语言是思维的直接现实。"论辩的思维应该深刻、敏捷。论辩中的思维技巧一般有形象思维、想象思维、联想思维、灵感思维等。

论辩的思维技巧和实用技巧

1. 形象思维

形象思维是指以直观形象和表象为支撑的思维过程。论辩者运用形象思维，可以使对方感觉自己的反驳是合理合情的，从而在轻松的气氛中接受自己的观点。

2. 想象思维

想象思维是指对已有的表象进行加工重建，形成事物新形象的思维过程。反

驳对方时，论辩者可以暂时抛开现实，用生动的语言描述由自己的观点而生成的未来画面，使对方及听众展开想象，并被自己的想象说服，从而接受自己的观点。

3. 联想思维

联想思维是指一种受现实中的某些人或现象触动而联想到与之相关的人或现象的思维过程。论辩者可以围绕自己的观点展开联想，为自己的观点寻找强有力的证据，使自己的论证有理有据，使对方在自己的雄辩中失去招架之力。

4. 灵感思维

灵感思维又叫直觉思维，是指对一个问题未经逐步的逻辑分析，也不受某种固定的逻辑规定的束缚而直接洞察到事物本质和规律的思维过程。这种思维的显著特征就是瞬间性。灵感往往是在一瞬间获得的。论辩者在论辩中经常会遇到需要灵感思维的时刻，有时面对辩题绞尽脑汁，却在刹那间获得灵感，豁然开朗，产生新颖独特的构思，使论辩非常独特，极具感染力和说服力。

此外，论辩中的思维技巧还有分析与综合思维、归纳与演绎思维、发散与聚合思维，以及抽象逻辑思维和具体辩证思维等。分析与综合思维其实是两种不同的思维，一分一总，相互对立，但同时又相互依存和补充。一个论辩者养成良好的分析与综合思维，才能对事物进行科学的分析与综合，才能获得关于对象的明晰、系统的认识。归纳与演绎思维是指人们的认识从个别到一般，再由一般到个别，从而在此种循环往复中形成自己的观点和思维。发散与聚合思维也是两种各具特色但又辩证统一的思维，发散思维要求人们重组眼前的信息和储存在脑海中的材料，最终产生新的信息；聚合思维又称集中思维，要求论辩者从各种各样的材料中抽取出对自己的辩论最有帮助、最能证明自己观点的材料，使之为自己服务。抽象逻辑思维是指从感性层面上升到抽象层面的思维，遵守了同一律、矛盾律、排中律等规律；具体辩证思维则是指直接在感性层面进行辩论，但这个感性层面不是我们常说的感性，而是包含了严密谨慎的理性的逻辑思维。

（三）论辩的实用技巧

论辩者要取得论辩胜利，在论辩中讲究技巧也是非常重要的。下面介绍几种实用的论辩技巧。

1. 进攻技巧

（1）先发制人。论辩者在论辩中掌握主动权后，既可先发制人，又可在被动时"反客为主"。

（2）摆脱枝节，攻其要害。在论辩中切忌纠缠细枝末节；否则，看上去热热闹闹，实际上已离题万里。进攻的一方可掌握的一个重要的技巧就是在对方一辩二辩陈词后，迅速地判明对方立论中的要害，并牢牢抓住这一问题一攻到底，直至彻底击败对方。此所谓"打蛇打七寸"。例如，"温饱是谈道德的必要条件"这一辩题的要害是，在达不到温饱的情况下，能否谈道德。论辩者在论辩中只有始终抓住这个要害，才能给对方以致命的打击。当然，论辩者在论辩中有时也要用到"避实就虚"的技巧。例如，对方提到一个己方没准备也无法回答的问题时，己方勉强回答可能会适得其反，此时可以轻轻避开，另找对方的弱点攻过去。但在更多的情况下，论辩需要的是论辩者"避虚就实""避轻就重"，快速抓住对方的要害，穷追不舍，猛攻下去，务求必胜。

（3）捕捉战机。参加论辩的双方都要充分表现出论辩者的勇气和智慧。但是"智者千虑，必有一失"，在论辩中，论辩的双方或一方难免会出现一些失误。因此，机敏地捕捉战机，利用对方的失误，出其不意地进攻，是取得成功的关键。有利的战机可以从认识上、逻辑上、表达上来捕捉。

（4）出其不意。论辩者面对对方刁钻古怪的提问或发难时，不应急于辩驳，而应有意"岔开"话题，扰乱对方的注意力或思绪，然后乘其不备，话锋突然逆转，使对方始料不及，无言以对。

精选案例

在一场以"某机构是否有存在下去的必要"为辩题的辩论会上，正方突然发问："请问对方辩友，该机构是哪一年成立的？"对于这个在一般人看来是十分简单的问题，反方却因准备不足而答不上来。正方马上反击："连该机构的基本信息都没有搞清楚，怎么能断定该机构没有存在的必要？"

（5）釜底抽薪。釜底抽薪是指论辩者反驳对方观点的方法，即论辩者找出支撑观点的论据的破绽来驳倒论据，从而达到驳倒对方观点的目的。错误的观点往往是由虚假的论据支撑的，论辩者若能揭露支撑对方观点的论据的不真实性，就可顺利取得论辩的胜利。

精选案例

某校学生以"武将是否需要文才"为辩题展开论辩。反方认为武将不需要文才，理由是武将只要能指挥打仗就行，学文是避长扬短。对此，正方用釜底抽薪法反驳。在知识的海洋里，每一门学科、每一种知识和技能都不是孤立的。武才和文才也是如此，武才靠文才来总结、交流、提高，文才靠武才来提供内容，鉴别真伪。一位高级指挥员曾列举了武将学文的种种益处：一是可以把练兵或打仗的经验上升为理论，便于学术交流和供后人学习借鉴；二是迫使自己不断进取，防止经验主义；三是培养深入、严谨、细致的作风，避免粗枝大叶；四是在学文过程中加强思想修养，养成勤于思考的习惯；五是丰富业余生活，使文武互为补充，工作有张有弛。

注：通过以上反驳，论辩者武将学文是避长扬短这一论据就被驳倒了，反方自然输掉了论辩。观点是建立在论据基础上的，论据虚假，则观点谬误。所以在论辩中，只要揭露对方论据的虚假，就如同釜底抽薪，对方所持观点就会被驳倒。使用釜底抽薪首先要会识"薪"。要做到这一点，论辩者就要善于从对方的观点中分析出其论据破绽之所在。

（6）欲擒故纵。欲擒故纵即论辩者先假定对方的观点是正确的，以这个所谓正确的观点为前提去推理，直至推出一个明显的错误的结论，从而驳倒对方的观点。这种方法尤其适用于对固执己见、蛮不讲理者进行反驳。

2. 防守技巧

（1）李代桃僵。论辩中有时会出现这样一种现象，辩题本身过于绝对，论辩者如果紧紧扣题去论，往往既难以说服听众，又常常经受不住对方的反驳。其实，论辩者此时可以有意识地引入与己方论点相似的概念与对方周旋，诱使对方花大力气去分析新概念，从而保证己方立论中的某些关键的易被对方反驳的概念不被发现，争取取得论辩胜利。

（2）以守为攻。防守是进攻的特殊形式，只有巩固了己方阵地，才可能有效地攻击对方。以守为攻是论辩中常用的技巧。

（3）机变应对。在论辩中有时会失言，也会遇到对方提出的一些自己事先没有考虑到的问题，此时就要求遇错沉稳，机变应对。论辩者要及时补救自己的失误，否则马上就会被对方抓住，作为攻击的把柄，使自己陷入被动局面。

知识拓展

《战国策》为我们生动地描绘了一批言辞犀利、巧舌如簧的人物形象，他们论辩的成功，都与他们在论辩时倾注自己最大的热情，使言辞有强烈的鼓动性和感染力密切相关。

《先生王斗造门而欲见齐宣王》中的王斗，出于对"士"尊严的竭力维护，不惜惹怒齐宣王，并拿齐宣王和齐桓公做比较："先君好士，而王不好士"。当齐宣王狡辩"当今之世无士，寡人何好"时，王斗立即反驳他："王亦不好士也，何患无士？"王斗还穷追不舍地指出"今王治齐，非左右便辟无使也"。王斗的激情义愤，使他的话有一种咄咄逼人之势，发人深省，终于使齐宣王谢曰："寡人有罪国家。"

《秦围赵之邯郸》中的鲁仲连，是个令人感奋不已的雄辩义士。强秦攻赵之际，魏国因惧怕秦国而派辛垣衍悄悄进入赵国劝赵降秦。此时的赵国统治者六神无主，尤其缺乏战胜强敌的信心。鲁仲连厘清轻重缓急后，便去见赵国的平原君，用激将的办法，毫不客气地表示了自己的失望："始吾以君为天下之贤公子也，吾乃今然后知君非天下之贤公子也。"尖锐的批评激发了平原君尚义向贤的勇气，使他摆脱了"犹豫未有所决"的情绪，坚定了抗秦卫国的决心。鲁仲连又让平原君安排自己与辛垣衍见面，并坦然相告自己的目的："所为见将军者，欲以助赵也。"为了劝服对方，他有理有据、面面俱到地历数帝秦的危害。听完鲁仲连的分析，辛垣衍起身向鲁仲连拜两次，并承诺："吾请去，不敢复言帝秦。"鲁仲连的成功，既来自他的一身正气，也来自他说辩得法。鲁仲连对平原君用激发鼓动的方法促其反躬自省，回到正确的立场上来；对辛垣衍用环环相扣的精微剖析和切中要害的切切陈说，形成一种高屋建瓴、不容置疑的气势，辛垣衍被说服，也是情势所必然了。

《范雎至秦》中的范雎，在陈说结党擅权对秦昭王、对秦国的危害时，一方面条分缕析地言其危害，另一方面语语含情诉说自己的担忧："足下上畏太后之严，下惑奸臣之态；居深宫之中，不离保傅之手；终身暗惑，无与照奸；大者宗庙灭覆，小者身以孤危。此臣之所恐耳！若夫穷辱之事，死亡之患，臣弗敢畏也。臣死而秦治，贤于生也。"这段理盛情茂的话，使秦王备受感动，连说："事无大小，上及太后，下至大臣，愿先生悉以教寡人，无疑寡人也"。

学以致用

（1）论辩具有哪些特点？

（2）按照不同的标准，论辩可以分为哪些类型？

（3）在论辩中应遵循哪些基本原则？

（4）论辩中的实用技巧有哪些？请举例说明。

（5）实践训练。

① 一个小孩到水果店买水果，店主欺负他是小孩子，就尽挑小苹果给他。小孩对店主说："你不认为这些苹果都太小了吗？"店主说："哦，没关系，你人小力气小。苹果小些，你拿起来轻些。"小孩瞪了一眼店主，说："我懂了。"结账时，小孩把一些硬币放在柜台上就走了。店主叫住他："你还没付够苹果钱呢！"

如果你是这个小孩，你会怎么反驳店主呢？

② 一位清洁工人刚扫完地，身后就有一个年轻人倒了一地的垃圾。清洁工批评他："你怎么不往垃圾桶里倒呢，这里刚扫干净啊！"年轻人蛮横地说："我们都倒垃圾桶里了，你们不就要失业了吗？"

假如你是这位清洁工人，你会怎么反驳那位年轻人呢？

第二课

团队式辩论赛

至理名言

拜读名家大作，可造就雄辩之才。

——伏尔泰

应知导航

（1）团队式辩论赛的含义。
（2）团队式辩论赛应做的准备。
（3）组织团队式辩论赛。

知识探究

我国古代思想家墨子曾说："夫辩者，将以明是非之分，审治乱之纪，明同异之处，察名实之理，处利害，决嫌疑。"墨子的意思是，论辩的作用就在于明晰是非的界限，探明世道治乱的标准，弄清事物同异的根据，权衡利害得失，解决存在的疑惑。几千年来，随着论辩广泛进入各个领域，它对于人类的认识和各项活动所具有的深刻影响和重要作用也愈加清楚地显现出来。人们会有意识地把自己放在团队式论辩的场景中，因为团队式论辩不仅能锻炼个人的口才、提高论辩技能，还能发挥个人在团体中的作用，培养团队精神。

一、团队式论辩的含义

（一）团队式论辩的含义及内部结构

团队式论辩是由两支分别由 2 ～ 4 名辩手组成的论辩团队，针对特定的辩题，在规定的时间内进行观点交锋的论辩形式。

团队里的每名辩手都有不同的职责，下面以四对四论辩方式为例进行介绍。

一辩是团队的前锋，担任着为团队开篇立论的职责。一辩的观点要有严密的逻辑性和丰富而合理的语言逻辑结构。一辩的语言在运用上，既要平实准确，避免烦琐和模糊，又要辅之以实例，使其生动有说服力；在表达上，可以灵活运用，如用盘问、反证等形式，从而在有限的时间内巩固、强化本方立场。

二辩、三辩的一个重要任务是针对对方可能提出的观点进行猜测，以削弱对方进攻的强度。所以，二辩、三辩对对方的辩题要分析透彻，清楚把握。二辩、三辩的另一重要任务是针对对方一辩的立论，对其进行提问。提问应该有针对性，挖掘出对方立论中的漏洞和缺陷。提问还应注重技巧，所提的问题既不能太简单也不能太复杂，否则会对自己不利。在此过程中，二辩、三辩将与对方的二辩或三辩进行针锋相对的对辩。

四辩应该擅长逻辑概括，在陈词中始终闪烁着理性和智慧的光芒。四辩一定不要被浮华的辞藻、无谓的煽情、多余的警句、人所共知的格言限制住。批判要适度，切忌无中生有；升华也不可无节制。

（二）团队式论辩的技巧

1. 高度重视，认真准备

所谓高度重视，认真准备，是指参赛队员在赛前对辩论赛的性质和特点要有所分析、研究。辩论赛是作为比赛项目来进行的模拟论辩。这种论辩往往不在乎论辩者本人真实的立场和主张，而侧重于论辩者的论辩技巧。比赛双方都不是为了说服对方或被对方说服，而是以驳倒对方、争取评委的裁决和听众的反响为目的的，所以必须做好充分准备。

试辩一般在正式比赛前的 1～2 天举行，这类似于赛前的"热身赛"，旨在使参赛队员保持最佳竞技状态。试辩的程序应严格按照正式比赛的程序进行，不过不管正式比赛是否设有赛后听众提问环节，试辩应设有听众提问环节。因为听众能给参赛队员更多的参考。

2. 合理分工，精诚合作

辩论比赛是以组队的形式参赛的，参赛队员不止一个人，需要充分发挥每个队员的能力，讲究配合。有时候，参赛队员需要经过长时间的磨合才能产生默契，从而形成整体的作战能力。一支辩论队的参赛队员应各司其职。

3. 攻防兼备，以攻为主

高明的辩手，不仅要做到论据充分，论证深刻有力，使自己的立论站得住脚，不留漏洞给对方来钻，而且能够及时发现对方的漏洞，特别是抓住对方的要害，展开猛烈的进攻，给对方的立论以致命的打击。也就是说，在论辩中，论辩者必须既要注意防御，又要加以进攻。因此，论辩者在论辩中应当攻防兼备，以攻为主。

4. 高屋建瓴，结辩陈词

结辩陈词的成功与否关系到整场论辩的最终胜负。

结辩中使用的语言，非一般论证的语言。它既要各处都点到，又要抓住问题的本质和核心方面，而不纠缠于细枝末节。结辩要有全局意识，结辩的观点应忠于立论阶段本方的阐述，不应有所遗漏或有所添加，以免节外生枝。结辩在语言上应注意将众多小点连接得自然妥帖，不露拼凑痕迹；用语忌生硬，尽量将观点融会在富于感情和文字色彩的词句中，令人在语言的美感中受到震撼，引起共鸣，且意犹未尽。

二、团队式辩论赛的准备及组织

（一）团队式辩论赛的准备

辩论赛是许多青年喜爱的一项侧重于言辞表达能力的比赛。然而，不少青年，尤其是一些年轻的学生，虽参赛热情很高，却由于赛前不懂如何正确准备，或赛中不得要领，初次上阵便遭受挫折。因此，对初学者来说，掌握一些辩论赛的入门知识显得十分必要。

那么，初学者在赛前该做好哪些准备呢？初学者在赛前应做好的准备主要有四项：认识准备、核对准备、立论准备和试辩准备。

1. 认识准备

所谓认识准备，是指参赛队员在赛前对辩论赛的性质和特点要有所认识。

口头论辩大致分为三类：第一类是在专门场合下进行的有特定议题的论辩，如谈判论辩、法庭论辩；第二类是由日常生活中、工作中的矛盾引起的人与人之间的争辩，如邻里争辩、上下级争辩；第三类就是各种形式的辩论赛。

2. 核对准备

事实上，辩论赛的规模有大有小，层次有高有低，各主办单位的具体要求也会因时因地而不尽相同，所以辩论赛的规则也很难趋于统一。这就要求论辩者在接到比赛通知后，不能立即简单地按照通知上的要求去准备，更不能想当然地去准备，而应设法主动地找主办单位仔细核对一下通知上各项比赛规定和要求，包括辩题确切的字面样子、正反方所属、论辩程序细则、各位队员的分工和允许发言的时间等。

3. 立论准备

辩题被确认无误后，参赛队员就可以根据辩题，共同商量出一个最有利于本方论证的总论点。所谓最有利于本方，就是指该总论点不仅观点正确、旗帜鲜明，而且能攻破对方任何的立论或挡住对方的任何攻击。

4. 试辩准备

如同参加其他比赛一样，团队要想在正式比赛中获胜，一定要在正式比赛前进行一次尝试性的比赛，以检验自己的赛前准备是否经得起考验。为了达到检验的效果，试辩条件和气氛要尽量逼真，这就需要在正式参赛队员进入准备阶段的同时，团队也安排一支与之实力相当的队伍进入准备阶段，并且双方的信息都应处于保密状态。不过，为了增加正式参赛队员的难度，正式参赛队员应故意泄露一些立论方面的要点让对方做有针对性的进攻准备，以检验己方的立论和战略战术能否奏效。

（二）团队式辩论赛的组织

团队式辩论赛是一种突出团队合作精神的论辩赛事。辩论赛在主持人的主持下，由观点对立的两队参赛，各队设主辩1人，其余1～3人为助辩。

比赛规定在每一回合，各方各发言3～4分钟；在规定的本方发言的时间内，主辩发言后，助辩补充。比赛一般经过4～5个回合的论辩决定胜负。

本方队员应协同作战，互相配合，充分发挥集体优势，使论辩呈现出团体对团体的一对一阵势。

知识拓展

三对三团队式辩论赛规程

一、赛制

三对三团体辩论赛由队员陈词、盘问、自由辩论和总结陈词四部分组成。参赛队员应全程使用普通话。

二、辩题

初赛辩题：青年成才的关键是自身能力（正方）；青年成才的关键是外部机遇

（反方）。

决赛辩题：企业文化建设应先于经济发展（正方）；企业经济发展应先于文化建设（反方）。

三、辩论赛程序（由辩论会主席执行）

1．队员入场

2．介绍参赛队及其所持立场

3．介绍参赛队员

4．介绍评委

5．比赛开始

6．评委点评

7．听众自由提问，评委点评评分（同时进行）（可选议程）

8．宣布比赛结果

9．辩论赛结束

四、辩论程序

1．陈词阶段

（1）正、反方一辩发言。

（2）正、反方二辩发言。

2．提问阶段

（1）反方三辩提问。

（2）正方三辩回答、提问。

（3）反方二辩回答、提问。

（4）正方二辩回答、提问。

（5）反方一辩回答、提问。

（6）正方一辩回答、提问。

（7）反方三辩回答。

3．自由辩论阶段

正反方依次轮流发言。

4．总结阶段

（1）反方三辩总结陈词。

（2）正方三辩总结陈词。

五、具体规则

（一）时间

全场总计用时30分钟。

1．陈词共12分钟

（1）正、反方一辩发言各3分钟。

（2）正、反方二辩发言各3分钟。

2．提问阶段共4分钟

（1）提问用时10秒，回答用时20秒。

（2）各队累计用时各 2 分钟。

3. 自由辩论阶段共用时 10 分钟，每方用时各 5 分钟

4. 总结陈词阶段共用时 4 分钟，每方用时各 2 分钟

（二）辩论规则

1. 提问规则

（1）每个队员的发言应包括回答与提问两部分。回答应简洁，提问应明了（每次提问只限一个问题）。

（2）关于对方提出的问题，被问一方必须回答，不得回避，也不得反驳。

2. 自由辩论规则

（1）自由辩论发言必须在两队之间交替进行，首先由正方一名队员发言，然后由反方一名队员发言，双方轮流，直到时间用完为止。

（2）一方发言结束后，即开始计算另一方用时。

（3）在总时间内，各队队员的发言次序、次数和用时不限。

（4）如果一队的时间已经用完，另一队就可以放弃发言，也可以轮流发言，直到时间用完。放弃发言不影响打分。

3. 两队不得宣读事先准备的稿件或展示事先准备的图表，但可以出示所引用的图书或报刊的摘要

4. 在比赛中，每个队员都不得离开座位，不得打扰对方或本方队员发言

六、评判标准

（一）评赛人员

聘请 12 名评委对比赛进行全程评议。

（二）评分标准

（1）论点明晰，论据充足，引证恰当，分析透彻。

（2）迅速抓住对方观点及失误，驳论精到，切中要害。

（3）反应敏捷，应对能力强。

（4）表达清晰，层次清楚，逻辑严密。

（三）评分项目

辩论赛团体评分内容和最佳辩手评比内容如表 4-1、表 4-2 所示。

表 4-1　辩论赛团体评分

团体部分	满分	正方得分	反方得分
立论陈词	15		
自由辩论	30		
总结陈词	15		
语言表达	15		
团体配合	15		
临场反应	10		
最后得分	100		

表4-2　辩论赛最佳辩手评比

辩论赛最佳辩手（请在空格内打"√"）						
参考标准	正一	正二	正三	反一	反二	反三
语言表达、逻辑思维、辩驳能力、临场反应、整体意识、综合印象						

（四）胜负判断

（1）每场比赛的胜负，依据评委所打团体分判定。如果两队得分相同，由评委另行投票决定胜负。

（2）最佳辩手产生方法为计算每位辩手得票数，多者胜出。

七、奖励办法

为辩论赛胜出队伍及最佳辩手颁发纪念品作为奖励。

学以致用

（1）如何组织一场辩论赛？

（2）参加辩论赛前要做哪些准备？

（3）根据本课所学知识组织并参加一场团队式辩论赛。

◆◆◆ **素质提升** ◆◆◆

袁隆平：不卑不亢，辩为"稻粱"

"杂交水稻之父"袁隆平在其一生中遭遇过无数质疑和反对，经历许多曲折与坎坷，但无论是权威专家的异议，还是直接领导的否决，都没能让他停下探索的脚步。在这条利国利民利天下的大道上，他从未动摇过自己的信念，总是不卑不亢地施辩论道、据理力争，为自己的研究开疆辟土。

袁隆平在湖南安江农校做教师的时候，就想到用杂交的方法改良水稻，但收到了许多质疑。有人说："水稻是自花授粉的植物，杂交根本没有优势。强行改变它的基因，是违反客观规律的主观唯心主义行为。我敢断定你成功不了，只会碰得头破血流。"袁隆平反驳说："马驴可生骡，骡的体能和负重都优于马驴。故此，我坚信，一切事物的道理都是相通的。动物的杂交能够成功，水稻的杂交试验也是可以成功的。"

袁隆平从千姿百态的事物现象中寻找到一个与对方观点针锋相对的反例，论证了杂交水稻成功的可能性，一招便轻松地让对方的观点站不住脚。

1966年2月，袁隆平在《科学通报》发表论文《水稻的雄性不孕性》，开启了他的水稻深度科研之路。有一次，他在田里选种，偶然间遇到一株"鹤立鸡群"

的水稻，是个天然杂交稻。据此，他开始试种，结果稻谷产量不但没有增加，反而减产了，稻草倒是增产了不少。于是有人开始说风凉话："可惜人不吃草，人要是吃草，你这个杂交水稻大有发展前途。"袁隆平反驳说："这要一分为二地看，透过现象看本质。我这个试验从表面上看是失败的，但本质上是成功的。增产的稻草也证明了它的优势，它有优势是原则问题。如果我们改进技术，把这个优势发挥在稻谷上，稻谷就可以增产。"

面对他人的风凉话，袁隆平不急不躁，采用一分为二法，阐明表面现象下的本质，厘清技术问题和原则问题的关系。有理有据的反驳，让人不由得进行自我反思，不得不承认他的试验稻的确存在杂交优势，大有潜力可挖，同时也让人有了继续支持杂交水稻的动力。

袁隆平最初搞试验的几年，成果并不大，当时有很多人认为他是"瞎搞""浪费国家钱财"。有人当面嘲讽他："党和政府给你的时间和机会已经不少了，可是到现在都没什么成绩。我认为，杂交水稻试验不是什么新鲜事，很多国家尝试过，但最终都放弃了。事实证明，自交不退化，杂交无优势。"袁隆平反驳说："明白了，从您的谆谆教导中，我悟出了'放弃'二字。那我想问问，国家要我们这些学农业的干什么？我不管你们怎么想，作为一个学农业的人，我觉得我有权利也有义务让人类远离饥饿。"

在各种反对和质疑声中，袁隆平以自己的勇气、智慧和辩才，为自己"辩"来了"稻语花香"。2021 年 5 月 22 日，袁隆平因病逝世，享年 91 岁。国士已去，但他辩以明理、论以求真，把论文写在祖国大地上的科学家精神，将永远激励我们。

讨论：

1. 你还知道袁隆平的哪些事迹，从他身上你学到了什么精神品质？

2. 是什么支撑袁隆平坚持自己的杂交水稻的梦想，而没有跟随国外专家放弃研究杂交水稻？

参考文献

［1］　毕雨亭.演讲与口才［M］.北京：清华大学出版社，2019.

［2］　高其兰，陈泽，徐燕.演讲与口才［M］.成都：电子科技大学出版社，
　　　　2019.

［3］　蓝天.演讲与口才［M］.哈尔滨：黑龙江大学出版社，2018.

［4］　龙瑞兰.演讲与口才实训教程［M］.广州：广东教育出版社，2020.

［5］　若沐.演讲与口才［M］.天津：天津科学技术出版社，2019.

［6］　沈可.演讲与口才［M］.北京：中国纺织出版社，2019.

［7］　赵京立.演讲与沟通实训［M］.北京：高等教育出版社，2010.